Asya Lezzetleri 2023

Geleneksel Tatların Modern Sunumu

Nuray Tanaka

İçerik

pastırma ile tavuk 10
Tavuk ve muz cipsi 11
Zencefil ve mantarlı tavuk 12
tavuk ve jambon 14
Izgara tavuk ciğeri 15
Su kestanesi ile yengeç topları 16
dim sum 17
Jambon ve tavuk ruloları 18
Fırında jambon bükümü 19
Yapay tütsülenmiş balık 20
mantar dolması 22
İstiridye soslu mantar 23
Domuz eti ve salata ruloları 24
Domuz eti ve kestane köftesi 26
domuz çörekler 27
Lychee soslu karides 29
Mandalina ile kızarmış karides 31
mangetout ile karides 32
Çin mantarlı karides 34
Karidesleri ve bezelyeleri soteleyin 34
mango ajvar ile karides 35
Kamerun - Pekin 38
kırmızı biberli karides 39
Domuz eti ile kızarmış karides 40
Şeri soslu kızarmış karides 42
Susamlı kızarmış karides 44
Kabuğunda kızartılmış karides 45
kızarmış karides 45
karides tempura 47
Yorulmak 48
tofu ile karides 50
domatesli karides 51
domates soslu karides 52

Domates ve chile soslu karides 53
Domates soslu kızarmış karides 54
sebzeli karides 56
su kestanesi ile karides 57
karides mantısı 57
tavuklu abalone 58
kuşkonmazlı denizkulağı 59
Abalon mantarlı 62
İstiridye soslu Abalone 62
buğulanmış deniz ürünleri 63
Fasulye filizli sandviç 65
Zencefil ve sarımsaklı sandviç 66
Kızarmış istiridyeler 67
yengeç kekleri 68
yengeç kremi 69
Çin şişirilmiş yengeç eti 70
Fasulye Filizi ile Foo Yung Yengeç 71
Zencefilli yengeç 72
Yengeç Lo Mein 73
Domuz eti ile kızarmış yengeç 74
Ekmekli yengeç eti 75
kızarmış kalamar köfte 76
Kanton ıstakozu 77
kızarmış ıstakoz 79
Jambonlu buğulanmış ıstakoz 80
mantarlı ıstakoz 81
Domuz eti ile ıstakoz kuyrukları 82
kızarmış ıstakoz 84
ıstakoz yuvası 85
Siyah fasulye soslu midye 86
zencefilli midye 86
buğulanmış midye 88
Kızarmış istiridyeler 88
pastırma ile istiridye 89
Zencefilli kızarmış istiridye 90
Siyah fasulye soslu istiridye 91

Bambu filizli deniz tarağı 92
yumurtalı deniz tarağı 94
brokoli ile deniz tarağı 95
Zencefilli deniz tarağı 96
Jambonlu deniz tarağı 97
Tarak ve otlar ile omlet 98
Deniz tarağı ve kızarmış soğan 99
sebzeli deniz tarağı 100
Kırmızı biberli deniz tarağı 102
Fasulye filizi ile kalamar 103
kızarmış kalamar 104
kalamar paketleri 104
kızarmış kalamar ruloları 106
Kızarmış kalamar 109
Kurutulmuş mantarlı kalamar 110
sebzeli kalamar 110
Anason ile haşlanmış et 111
kuşkonmazlı dana eti 113
Bambu filizli et 115
Bambu filizleri ve mantarlı et 116
Çin rosto sığır eti 117
Fasulye filizi eti 117
Brokolili biftek 118
Susam ve brokoli ile et 119
Dana rosto 122
Kanton sığır eti 123
havuçlu dana eti 124
kaju etli 124
Yavaş pişirme için et güveç 125
karnabaharlı et 126
kerevizli dana eti 127
kereviz ile kızarmış et dilimleri 128
Tavuk ve kereviz ile rendelenmiş dana eti 129
Şili ile sığır eti 131
Çin lahanası ile et 133
Dana Suey 134

salatalıklı dana eti 136
Sığır Chow Mein 137
salatalık filetosu 139
köri dana rosto 140
Jambonlu ve kestaneli omlet 142
ıstakozlu omlet 143
istiridye omleti 144
karidesli omlet 145
taraklı omlet 146
Tofu ile yumurtalı kek 147
Doldurulmuş domuz tortilla 148
Karides dolgulu tortilla 149
Tavuk dolgulu buğulanmış ekmeği 150
istiridye krep 151
karidesli krep 152
Çin çırpılmış yumurta 152
Balık ile çırpılmış yumurta 153
Mantarlı çırpılmış yumurta 154
İstiridye soslu çırpılmış yumurta 155
Domuz eti ile çırpılmış yumurta 156
Domuz eti ve karides ile omlet 157
Ispanaklı çırpılmış yumurta 158
Frenk soğanı ile çırpılmış yumurta 159
Domatesli çırpılmış yumurta 160
Sebzeli sahanda yumurta 161
tavuklu sufle 162
yengeç sufle 163
Yengeç ve zencefilli sufle 164
balık sufle 165
karides sufle 166
Fasulye filizli karides sufle 167
sebzeli sufle 168
Yumurta Foo Yung 169
Kızarmış Yumurta Foo Yung 170
Yengeç Foo Yung mantarlı 171
Foo Yung Jambonlu Yumurta 172

Kızarmış Domuz Yumurtası Foo Yung 173
Domuz Yumurtası ve Karides Foo Yung 173
Beyaz pirinç 174
pişmiş kahverengi pirinç 175
etli pilav 175
tavuk ciğeri pilavı 176
Tavuk ve mantarlı pilav 177
Hindistan cevizi pirinci 178
Yengeç etli pilav 179
Fasulyeli pilav 180
biberli pilav 181
haşlanmış yumurta ile pirinç 182
Singapur usulü pirinç 183
Tekne için yavaş pirinç 184
haşlanmış pirinç 185
Kızarmış pirinç 186
bademli kızarmış pilav 187
Pastırma ve yumurta ile kızarmış pilav 189
Etli kızarmış pilav 190
Kıymalı kızarmış pilav 191
Et ve soğan ile kızarmış pilav 192
tavuklu pilav 193
ördek kızarmış pilav 194
jambonlu pilav 195
Jambon ve et suyu ile pirinç 196
Kızarmış domuzlu pilav 197
Domuz eti ve karides ile kızarmış pilav 198
Karidesli kızarmış pilav 199
kızarmış pilav ve fasulye 200
Somonlu kızarmış pilav 201
Özel kızarmış pilav 202
On değerli pirinç 203
ton balıklı pilav 204
haşlanmış yumurtalı erişte 205
haşlanmış yumurtalı erişte 206
kızarmış erişte 207

kızarmış noodle 208
Kızarmış yumuşak erişte 209
kızarmış noodle 210
soğuk erişte 211
erişte sepetleri 212
makarna gözleme 213

pastırma ile tavuk

4 kişilik

225 gr / 8 ons tavuk, çok ince dilimlenmiş
75 ml / 5 yemek kaşığı soya sosu
15 ml / 1 yemek kaşığı pirinç şarabı veya sek şeri
1 diş ezilmiş sarımsak
15 ml / 1 yemek kaşığı esmer şeker
5 ml / 1 çay kaşığı tuz
5 ml / 1 çay kaşığı öğütülmüş zencefil kökü
225 gr yağsız domuz pastırması, doğranmış
100 gr su kestanesi, çok ince dilimlenmiş
30 ml / 2 yemek kaşığı bal

Tavuğu bir kaseye koyun. 45 ml / 3 yemek kaşığı soya sosunu şarap veya şeri, sarımsak, şeker, tuz ve zencefil ile karıştırın, tavuğun üzerine dökün ve yaklaşık 3 saat marine etmeye bırakın. Tavuk, pastırma ve kestaneleri kebap şişine koyun. Kalan soya sosunu balla karıştırıp kebapların üzerine gezdirin. Sıcak bir ızgarada, tamamen pişene kadar yaklaşık 10 dakika pişirin (kızartma), sık sık çevirin ve pişerken daha fazla sırla kaplayın.

Tavuk ve muz cipsi

4 kişilik

2 haşlanmış tavuk göğsü

2 sert muz

6 dilim ekmek

4 yumurta

120 ml / 4 fl oz / ¬Ω bardak süt

50 g / 2 oz / ¬Ω fincan çok amaçlı un

225 gr / 8 ons / 4 su bardağı taze galeta unu

kızartmalık yağ

Tavuğu 24 parçaya bölün. Muzları soyun ve uzunlamasına dörde bölün. 24 parça yapmak için her çeyreği üçe bölün. Ekmeğin kabuğunu kesin ve dörde bölün. Yumurtaları ve sütü çırpın ve ekmeğin bir tarafını kaplayın. Her ekmeğin yumurtalı tarafına bir parça tavuk ve bir parça muz koyun. Kareleri hafifçe una batırın, ardından yumurtaya batırın ve galeta ununa bulayın. Tekrar yumurtaya ve galeta ununa bulayın. Yağı ısıtın ve her seferinde birkaç kareyi kızarana kadar kızartın. Servis yapmadan önce mutfak kağıdına boşaltın.

Zencefil ve mantarlı tavuk

4 kişilik

225 gr tavuk göğsü

5 ml / 1 çay kaşığı beş baharat tozu

15 ml / 1 yemek kaşığı çok amaçlı un

120 ml / 4 fl oz / ¬Ω fincan fıstık yağı (yer fıstığı)

4 arpacık soğan, ikiye bölünmüş

1 diş sarımsak, dilimlenmiş

1 dilim zencefil kökü, doğranmış

25 gr / 1 ons / ¬° fincan kaju fıstığı

5 ml / 1 tatlı kaşığı bal

15 ml / 1 yemek kaşığı pirinç unu

75 ml / 5 yemek kaşığı pirinç şarabı veya sek şeri

100 gr mantar, dörde bölünmüş

2,5 ml / ¬Ω çay kaşığı zerdeçal

6 sarı biber, ikiye bölünmüş

5 ml / 1 çay kaşığı soya sosu

¬Ω limon suyu

tuz ve biber

4 yaprak çıtır marul

Tavuk göğsünü çaprazlamasına ince şeritler halinde kesin. Beş baharat serpin ve hafifçe un serpin. 15 ml / 1 çorba kaşığı yağı ısıtın ve tavuğu kızarana kadar kızartın. Buzdolabından çıkarın. Biraz daha yağı ısıtın ve arpacık soğanı, sarımsağı, zencefili ve kaju fıstığını 1 dakika kavurun. Balı ekleyin ve sebzeler kaplanana kadar karıştırın. Un serpin ve şarap veya şeri ekleyin. Mantar, zerdeçal ve biberi ekleyip 1 dakika pişirin. Tavuk, soya sosu, yarım limonun suyu, tuz ve karabiberi ekleyip ısıtın. Konteynerden çıkarın ve sıcak tutun. Biraz daha yağı ısıtın, marul yapraklarını ekleyin ve hızlıca kızartın, tuz, karabiber ve kalan limon suyuyla tatlandırın.

tavuk ve jambon

4 kişilik

225 gr / 8 ons tavuk, çok ince dilimlenmiş
75 ml / 5 yemek kaşığı soya sosu
15 ml / 1 yemek kaşığı pirinç şarabı veya sek şeri
15 ml / 1 yemek kaşığı esmer şeker
5 ml / 1 çay kaşığı öğütülmüş zencefil kökü
1 diş ezilmiş sarımsak
225g/8oz pişmiş jambon, doğranmış
30 ml / 2 yemek kaşığı bal

Tavuğu 45 ml / 3 yemek kaşığı soya sosu, şarap veya şeri, şeker, zencefil ve sarımsakla birlikte bir kaseye koyun. 3 saat marine etmeye bırakın. Tavuk ve jambonu kebap şişlerine geçirin. Kalan soya sosunu balla karıştırıp kebapların üzerine gezdirin. Sıcak bir ızgarada yaklaşık 10 dakika pişirin (kızartma), sık sık çevirin ve pişerken sırla kaplayın.

Izgara tavuk ciğeri

4 kişilik

450 gr / 1 pound tavuk ciğeri

45 ml / 3 yemek kaşığı soya sosu

15 ml / 1 yemek kaşığı pirinç şarabı veya sek şeri

15 ml / 1 yemek kaşığı esmer şeker

5 ml / 1 çay kaşığı tuz

5 ml / 1 çay kaşığı öğütülmüş zencefil kökü

1 diş ezilmiş sarımsak

Tavuk ciğeri kaynar suda 2 dakika haşlayıp suyunu süzün. Yağ hariç kalan tüm malzemeleri içeren bir kaseye koyun ve yaklaşık 3 saat marine etmeye bırakın. Tavuk ciğeri kebaplar için şişlere dizilir ve ısıtılmış ızgarada yaklaşık 8 dakika kızarana kadar kızartılır (rostolanır).

Su kestanesi ile yengeç topları

4 kişilik

450 gr yengeç eti, kıyılmış

100 gr / 4 ons su kestanesi, doğranmış

1 diş ezilmiş sarımsak

1 cm/¬Ω zencefil kökü, dilimlenmiş, öğütülmüş

45 ml / 3 yemek kaşığı mısır unu (mısır nişastası)

30 ml / 2 yemek kaşığı soya sosu

15 ml / 1 yemek kaşığı pirinç şarabı veya sek şeri

5 ml / 1 çay kaşığı tuz

5 ml / 1 çay kaşığı şeker

3 çırpılmış yumurta

kızartmalık yağ

Yağ hariç tüm malzemeleri karıştırıp toplar yapın. Yağı ısıtın ve yengeç toplarını kızarana kadar kızartın. Servis yapmadan önce iyice süzün.

dim sum

4 kişilik

100 gr soyulmuş karides, doğranmış
225 gr yağsız domuz eti, ince kıyılmış
50 gr Çin lahanası, ince kıyılmış
3 frenk soğanı (soğan), doğranmış
1 çırpılmış yumurta
30 ml / 2 yemek kaşığı mısır unu (mısır nişastası)
10 ml / 2 çay kaşığı soya sosu
5 ml / 1 çay kaşığı susam yağı
5 ml / 1 çay kaşığı istiridye sosu
24 wonton görünümü
kızartmalık yağ

Karides, domuz eti, lahana ve frenk soğanı karıştırın. Yumurta, mısır unu, soya sosu, susam yağı ve istiridye sosunu karıştırın. Karışımı her wonton kabuğunun ortasına dökün. Sargıyı dolgunun etrafına hafifçe bastırın, kenarları bir araya getirin, ancak üst kısmı açık bırakın. Yağı ısıtın ve tütsülenmiş etleri birer birer altın rengi olana kadar kızartın. İyice süzün ve sıcak servis yapın.

Jambon ve tavuk ruloları

4 kişilik

2 tavuk göğsü

1 diş ezilmiş sarımsak

2,5 ml / ¬Ω çay kaşığı tuz

2,5 ml / ¬Ω çay kaşığı beş baharat tozu

4 dilim pişmiş jambon

1 çırpılmış yumurta

30 ml / 2 yemek kaşığı süt

25 gr / 1 ons / ¬° fincan çok amaçlı un

4 yumurtalı rulo kabuk

kızartmalık yağ

Tavuk göğsünü ortadan ikiye kesin. Çok ince olana kadar öğütün. Sarımsak, tuz ve beş baharat tozunu karıştırıp tavuğun üzerine serpin. Her bir tavuk parçasına bir dilim jambon koyun ve sıkıca sarın. Yumurta ve sütü karıştırın. Tavuk parçalarını hafifçe unlayın ve yumurta karışımına batırın. Her lokmayı yumurta rulo kabuğunun üzerine yerleştirin ve kenarlarını çırpılmış yumurta ile fırçalayın. Kenarları katlayın ve sarın, kenarlarını kahverengiye sıkıştırın. Yağı ısıtın ve çörekler kızarana ve pişene kadar yaklaşık 5 dakika kızartın. Mutfak kağıdına boşaltın ve servis için çapraz olarak daha kalın dilimler halinde kesin.

Fırında jambon bükümü

4 kişilik

350 gr / 12 ons / 3 su bardağı çok amaçlı un

175 gr / 6 oz / ¬œ fincan tereyağı

120 ml / 4 fl oz / ¬Ω bardak su

225 gr kıyılmış jambon

100g / 4oz bambu filizi, doğranmış

2 frenk soğanı (soğan), doğranmış

15 ml / 1 yemek kaşığı soya sosu

30 ml / 2 yemek kaşığı susam

Unu bir kaseye koyun ve tereyağına ovun. Bir macun oluşturmak için suyla karıştırın. Hamuru merdane ile 5/2 cm'lik daireler halinde kesin, susam hariç diğer tüm malzemeleri karıştırın ve her daireye birer kaşık koyun. Hamurun kenarlarını su ile fırçalayın ve kapatın. Dışını suyla fırçalayın ve susam serpin. Önceden ısıtılmış fırında 180 C / 350 F / gaz işareti 4'te 30 dakika pişirin.

Yapay tütsülenmiş balık

4 kişilik

1 levrek

3 dilim dilimlenmiş zencefil kökü

1 diş ezilmiş sarımsak

1 yeşil soğan (yeşil soğan), kalın dilimlenmiş

75 ml / 5 yemek kaşığı soya sosu

30 ml / 2 yemek kaşığı pirinç şarabı veya kuru şeri

2,5 ml / ¬Ω çay kaşığı öğütülmüş anason

2,5 ml / ¬Ω çay kaşığı susam yağı

10 ml / 2 çay kaşığı şeker

120 ml / 4 fl oz / ¬Ω bardak çorba

kızartmalık yağ

5 ml / 1 tatlı kaşığı mısır unu (mısır nişastası)

Balığı damar boyunca 5 mm (¬° inç) dilimler halinde kesin ve kesin. Zencefil, sarımsak, frenk soğanı, 60ml/4 yemek kaşığı soya sosu, şeri, anason ve susam yağını karıştırın. Balıkların üzerine dökün ve hafifçe karıştırın. Ara sıra çevirerek 2 saat bekletin.

Tavadaki turşuyu boşaltın ve balığı mutfak kağıdı üzerinde kurutun. Marinata şeker, et suyu ve kalan soya sosu ekleyin, kaynatın ve 1 dakika pişirin. Sosu koyulaştırmanız gerekirse, mısır nişastasını biraz soğuk suyla karıştırın, sosa ekleyin ve sos koyulaşana kadar karıştırarak pişirin.

Bu arada yağı ısıtın ve balıkları altın rengi kahverengi olana kadar kızartın. İyi kurutun. Balık parçalarını turşuya batırın ve ocağa koyun. Ilık veya soğuk servis yapın.

mantar dolması

4 kişilik

12 büyük kapak kurutulmuş mantar

225 gr / 8 ons yengeç eti

3 adet kıyılmış su kestanesi

2 baş kırmızı soğan (kap), ince kıyılmış

1 yumurta akı

15 ml / 1 yemek kaşığı mısır unu (mısır nişastası)

15 ml / 1 yemek kaşığı soya sosu

15 ml / 1 yemek kaşığı pirinç şarabı veya sek şeri

Mantarları bir gece önceden ılık suda bekletin. Silerek kurulama. Malzemelerin geri kalanını karıştırın ve bunları mantar kapaklarını doldurmak için kullanın. Izgaraya koyun ve 40 dakika buharlaşmasına izin verin. Sıcak servis yapın.

İstiridye soslu mantar

4 kişilik

10 adet kuru Çin mantarı
250 ml / 8 fl oz / 1 su bardağı et suyu
15 ml / 1 yemek kaşığı mısır unu (mısır nişastası)
30 ml / 2 yemek kaşığı istiridye sosu
5 ml / 1 çay kaşığı pirinç şarabı veya kuru şeri

Mantarları 30 dakika ılık suda bekletin, ardından 250 ml / 8 fl oz / 1 bardak ıslatma sıvısı ayırarak süzün. Sapları atın. 60 ml/4 yemek kaşığı et suyunu mısır unu ile macun kıvamına gelene kadar karıştırın. Et suyunun geri kalanını mantar ve mantar sıvısıyla birlikte kaynatın, üzerini kapatın ve 20 dakika pişirin. Mantarları bir mutfak robotu ile sıvıdan çıkarın ve ocağa koyun. Tavaya istiridye sosu ve şeri ekleyin ve karıştırarak 2 dakika pişirin. Mısır unu püresini ekleyin ve kısık ateşte sos koyulaşana kadar karıştırarak pişirin. Mantarların üzerine dökün ve hemen servis yapın.

Domuz eti ve salata ruloları

4 kişilik

4 adet kuru Çin mantarı

15 ml / 1 yemek kaşığı fıstık yağı

225 gr yağsız domuz eti, öğütülmüş

100g / 4oz bambu filizi, doğranmış

100 gr / 4 ons su kestanesi, doğranmış

4 frenk soğanı (soğan), doğranmış

175 gr yengeç eti, kuşbaşı

30 ml / 2 yemek kaşığı pirinç şarabı veya kuru şeri

15 ml / 1 yemek kaşığı soya sosu

10 ml / 2 çay kaşığı istiridye sosu

10 ml / 2 çay kaşığı susam yağı

9 Çin yaprağı

Mantarları 30 dakika ılık suda bekletin, sonra süzün. Sapları atın ve üstleri doğrayın. Yağı ısıtın ve domuz etini 5 dakika kızartın. Mantar, bambu filizleri, kestane, soğan ve yengeç etini ekleyip 2 dakika kavurun. Şarap veya şeri, soya sosu, istiridye sosu ve susam yağını tavada karıştırın. Ateşten alın. Bu sırada Çin yapraklarını kaynar suda 1 dakika haşlayıp durulayın. Domuz karışımını her yaprağın ortasına kaşıklayın, kenarlarını katlayın ve servis yapmak için yuvarlayın.

Domuz eti ve kestane köftesi

4 kişilik

450 gr / 1 pound öğütülmüş domuz eti (öğütülmüş)

50 gr mantar, ince doğranmış

50 gr ince kıyılmış su kestanesi

1 diş ezilmiş sarımsak

1 çırpılmış yumurta

30 ml / 2 yemek kaşığı soya sosu

15 ml / 1 yemek kaşığı pirinç şarabı veya sek şeri

5 ml / 1 çay kaşığı öğütülmüş zencefil kökü

5 ml / 1 çay kaşığı şeker

tuz

30 ml / 2 yemek kaşığı mısır unu (mısır nişastası)

kızartmalık yağ

Mısır gevreği hariç tüm malzemeleri karıştırın ve karışımdan toplar oluşturun. Mısır ununa bulayın. Yağı ısıtın ve köfteleri altın rengi olana kadar yaklaşık 10 dakika kızartın. Servis yapmadan önce iyice süzün.

domuz çörekler

4 kişilik

450 gr / 1 pound çok amaçlı un
500 ml / 17 fl oz / 2 bardak su
450 gr / 1 lb pişmiş domuz eti, kıyılmış
225 gr soyulmuş karides, doğranmış
4 kereviz sapı, doğranmış
15 ml / 1 yemek kaşığı soya sosu
15 ml / 1 yemek kaşığı pirinç şarabı veya sek şeri
15 ml / 1 yemek kaşığı susam yağı
5 ml / 1 çay kaşığı tuz
2 baş kırmızı soğan (kap), ince kıyılmış
2 diş sarımsak, doğranmış
1 dilim zencefil kökü, doğranmış

Un ve suyu pürüzsüz bir hamur elde edinceye kadar karıştırın ve iyice yoğurun. Örtün ve 10 dakika bekletin. Hamuru olabildiğince ince açın ve 5/2 cm'lik daireler halinde kesin, diğer tüm malzemeleri karıştırın. Karışımı her daireye dökün, kenarlarını nemlendirin ve yarım daire şeklinde kapatın. Bir tencerede suyu kaynatın ve ardından köfteleri dikkatlice suyun içine dökün. Köfteler kabarınca üzerine 150 ml / ¬°pt / ¬æ su bardağı soğuk su ekleyin ve suyu tekrar kaynatın. Köfteler tekrar kabarınca pişmiş demektir.

Lychee soslu karides

4 kişilik

50 g / 2 oz / ¬Ω bir fincan (çok amaçlı)

un

2,5 ml / ¬Ω çay kaşığı tuz

1 yumurta, hafifçe çırpılmış

30 ml / 2 yemek kaşığı su

450 gr soyulmuş karides

kızartmalık yağ

30 ml / 2 yemek kaşığı fıstık yağı

2 dilim kıyılmış zencefil kökü

30 ml / 2 yemek kaşığı şarap sirkesi

5 ml / 1 çay kaşığı şeker

2,5 ml / ¬Ω çay kaşığı tuz

15 ml / 1 yemek kaşığı soya sosu

200 gr konserve liçi, süzülmüş

Un, tuz, yumurta ve suyu karıştırarak hamur yapın, gerekirse biraz daha su ekleyin. İyice kaplanana kadar karidesle atın. Yağı ısıtın ve karidesleri çıtır çıtır ve altın rengi olana kadar birkaç dakika kızartın. Mutfak kağıdına boşaltın ve ocak gözüne yerleştirin. Bu sırada yağı ısıtın ve zencefili 1 dakika kızartın. Sirke, şeker, tuz ve soya sosu ekleyin. Lyche'leri ekleyin ve iyice ısıtılıp sosla kaplanana kadar karıştırın. Karideslerin üzerine dökün ve hemen servis yapın.

Mandalina ile kızarmış karides

4 kişilik

60 ml / 4 yemek kaşığı fıstık yağı

1 diş ezilmiş sarımsak

1 dilim zencefil kökü, doğranmış

450 gr soyulmuş karides

30 ml / 2 yemek kaşığı pirinç şarabı veya kuru şeri 30 ml / 2 yemek kaşığı soya sosu

15 ml / 1 yemek kaşığı mısır unu (mısır nişastası)

45 ml / 3 yemek kaşığı su

Yağı ısıtın ve sarımsak ve zencefili hafifçe kızarana kadar kızartın. Karidesleri ekleyin ve 1 dakika kızartın. Şarap veya şeri ekleyin ve iyice karıştırın. Soya sosu, mısır nişastası ve suyu ekleyip 2 dakika kavurun.

mangetout ile karides

4 kişilik

5 adet kuru Çin mantarı

225 gr fasulye filizi

60 ml / 4 yemek kaşığı fıstık yağı

5 ml / 1 çay kaşığı tuz

2 kereviz sapı, doğranmış

4 frenk soğanı (soğan), doğranmış

2 diş sarımsak, doğranmış

2 dilim kıyılmış zencefil kökü

60 ml / 4 yemek kaşığı su

15 ml / 1 yemek kaşığı soya sosu

15 ml / 1 yemek kaşığı pirinç şarabı veya sek şeri

225 gr / 8 ons şeker bezelye

225 gr soyulmuş karides

15 ml / 1 yemek kaşığı mısır unu (mısır nişastası)

Mantarları 30 dakika ılık suda bekletin, sonra süzün. Sapları atın ve üstleri kesin. Fasulye filizlerini kaynar suda 5 dakika haşlayın ve iyice durulayın. Yağın yarısını kızdırıp tuz, kereviz, arpacık soğan ve fasulye filizlerini 1 dakika kadar kavurun ve tavadan alın. Kalan yağı ısıtın ve sarımsak ve zencefili hafifçe kızarana kadar kızartın. Suyun yarısını, soya sosu, şarap veya şeri, bezelye ve karidesleri ekleyin, kaynatın ve 3 dakika pişirin. Mısır unu ve kalan suyu macun haline getirin, tavada karıştırın ve sos koyulaşana kadar karıştırarak pişirin. Sebzeleri tavaya geri koyun, kızarana kadar pişirin. Hemen servis yapın.

Çin mantarlı karides

4 kişilik

8 adet kurutulmuş Çin mantarı
45 ml / 3 yemek kaşığı fıstık (yer fıstığı) yağı
3 dilim kıyılmış zencefil kökü
450 gr soyulmuş karides
15 ml / 1 yemek kaşığı soya sosu
5 ml / 1 çay kaşığı tuz
60 ml / 4 yemek kaşığı balık suyu

Mantarları 30 dakika ılık suda bekletin, sonra süzün. Sapları atın ve üstleri kesin. Yağın yarısını ısıtın ve zencefili açık kahverengi olana kadar kızartın. Karidesleri, soya sosu ve tuzu ekleyin ve yağ ile kaplanana kadar kızartın ve tavadan alın. Kalan yağı ısıtın ve mantarları yağla kaplanana kadar kızartın. Et suyunu ekleyin, kaynatın, üzerini kapatın ve 3 dakika pişirin. Karidesleri tavaya geri koyun ve pişene kadar karıştırın.

Karidesleri ve bezelyeleri soteleyin

4 kişilik

450 gr soyulmuş karides
5 ml / 1 çay kaşığı susam yağı
5 ml / 1 çay kaşığı tuz
30 ml / 2 yemek kaşığı fıstık yağı
1 diş ezilmiş sarımsak
1 dilim zencefil kökü, doğranmış
225g / 8oz dondurulmuş veya pişmiş fasulye, çözülmüş
4 frenk soğanı (soğan), doğranmış
30 ml / 2 yemek kaşığı su
tuz ve biber

Karidesleri susam yağı ve tuzla karıştırın. Yağı ısıtın ve sarımsak ve zencefili 1 dakika kızartın. Karidesleri ekleyin ve 2 dakika kızartın. Yeşil fasulye ekleyin ve 1 dakika kızartın. Taze soğan ve su ekleyin ve istenirse tuz, karabiber ve biraz susam yağı ekleyin. Servis yapmadan önce hafifçe karıştırarak tekrar ısıtın.

mango ajvar ile karides

4 kişilik

12 karides

tuz ve biber

1 limon suyu

30 ml / 2 yemek kaşığı mısır unu (mısır nişastası)

1 mango

5 ml / 1 çay kaşığı hardal tozu

5 ml / 1 tatlı kaşığı bal

30 ml / 2 yemek kaşığı hindistan cevizi kreması

30 ml / 2 yemek kaşığı hafif köri

120 ml / 4 fl oz / ¬Ω bardak tavuk suyu

45 ml / 3 yemek kaşığı fıstık (yer fıstığı) yağı

2 diş doğranmış sarımsak

2 frenk soğanı (soğan), doğranmış

1 rezene ampulü, doğranmış

100g/4oz mango turşusu

Karidesleri soyun ve kuyruğunu olduğu gibi bırakın. Tuz, karabiber ve limon suyu serpin, ardından mısır ununun yarısı ile kaplayın. Mangoyu soyun, posayı çukurdan kesin, ardından posayı doğrayın. Hardal, bal, hindistancevizi kreması, köri tozu, kalan mısır nişastası ve et suyunu ilave edin. Yağın yarısını ısıtın ve sarımsak, frenk soğanı ve rezeneyi 2 dakika kızartın. Çorba karışımını ekleyin, kaynatın ve 1 dakika pişirin. Mango küplerini ve acı sosu ekleyin ve hafifçe ısıtın, ardından sıcak bir tabağa aktarın. Kalan yağı ısıtın ve karidesleri 2 dakika kızartın. Onları sebzelerin üzerine yerleştirin ve hepsini aynı anda servis edin.

Kamerun - Pekin

4 kişilik

30 ml / 2 yemek kaşığı fıstık yağı
2 diş sarımsak, doğranmış
1 dilim zencefil kökü, ince kıyılmış
225 gr soyulmuş karides
4 frenk soğanı (yeşil soğan), kalın dilimlenmiş
120 ml / 4 fl oz / ¬Ω bardak tavuk suyu
5 ml / 1 çay kaşığı esmer şeker
5 ml / 1 çay kaşığı soya sosu
5 ml / 1 çay kaşığı kuru üzüm sosu
5 ml / 1 çay kaşığı Tabasco sosu

Yağı sarımsak ve zencefil ile ısıtın ve sarımsak hafifçe kızarana kadar kızartın. Karidesleri ekleyin ve 1 dakika kızartın. Soğanı ekleyin ve 1 dakika kızartın. Diğer malzemeleri ekleyin, kaynatın, üzerini kapatın ve ara sıra karıştırarak 4 dakika pişirin. Baharatı kontrol edin ve isterseniz biraz daha Tabasco sosu ekleyin.

kırmızı biberli karides

4 kişilik

30 ml / 2 yemek kaşığı fıstık yağı

1 adet doğranmış yeşil biber

450 gr soyulmuş karides

10 ml / 2 çay kaşığı mısır unu (mısır nişastası)

60 ml / 4 yemek kaşığı su

5 ml / 1 çay kaşığı pirinç şarabı veya kuru şeri

2,5 ml / ¬Ω çay kaşığı tuz

45 ml / 2 yemek kaşığı salça (salça)

Yağı ısıtın ve biberi 2 dakika kızartın. Karides ve domates püresini ekleyin ve iyice karıştırın. Mısır unu suyunu, şarabı veya şeri ve tuzu bir hamur haline getirin, tavaya karıştırın ve sos berrak ve kalın olana kadar karıştırarak pişirin.

Domuz eti ile kızarmış karides

4 kişilik

225 gr soyulmuş karides

100g/4oz yağsız domuz eti, doğranmış

60 ml / 4 yemek kaşığı pirinç şarabı veya sek şeri

1 yumurta akı

45 ml / 3 yemek kaşığı mısır unu (mısır nişastası)

5 ml / 1 çay kaşığı tuz

15 ml / 1 yemek kaşığı su (isteğe bağlı)

90 ml / 6 yemek kaşığı fıstık (yer fıstığı) yağı.

45 ml / 3 yemek kaşığı balık suyu

5 ml / 1 çay kaşığı susam yağı

Karides ve domuz eti ayrı tabaklara yerleştirin. 45 ml / 3 yemek kaşığı şarap veya şeri, yumurta akı, 30 ml / 2 yemek kaşığı mısır unu ve tuzu yumuşak bir hamur olacak şekilde karıştırın, gerekirse su ekleyin. Karışımı domuz eti ve karides arasında bölün ve eşit şekilde kaplamak için iyice atın. Yağı ısıtın ve domuz eti ile karidesleri altın rengi kahverengi olana kadar birkaç dakika kızartın. Tavadan çıkarın ve 15ml/1 yemek kaşığı yağ dışında hepsini dökün. Stoku, kalan şarap veya şeri ve mısır unu ile tavaya ekleyin. Kaynatın ve sos koyulaşana kadar karıştırarak pişirin. Karides ve domuz eti üzerine dökün ve susam yağı gezdirerek servis yapın.

Şeri soslu kızarmış karides

4 kişilik

50 g / 2 oz / ¬Ω fincan çok amaçlı un

2,5 ml / ¬Ω çay kaşığı tuz

1 yumurta, hafifçe çırpılmış

30 ml / 2 yemek kaşığı su

450 gr soyulmuş karides

kızartmalık yağ

15 ml / 1 yemek kaşığı fıstık yağı

1 soğan ince kıyılmış

45 ml / 3 yemek kaşığı pirinç şarabı veya sek şeri

15 ml / 1 yemek kaşığı soya sosu

120 ml / 4 fl oz / ¬Ω fincan balık suyu

10 ml / 2 çay kaşığı mısır unu (mısır nişastası)

30 ml / 2 yemek kaşığı su

Un, tuz, yumurta ve suyu karıştırarak hamur yapın, gerekirse biraz daha su ekleyin. İyice kaplanana kadar karidesle atın. Yağı ısıtın ve karidesleri çıtır çıtır ve altın rengi olana kadar birkaç dakika kızartın. Mutfak kağıdına boşaltın ve sıcak bir tabağa koyun. Bu sırada sıvı yağı kızdırıp soğanı pembeleşinceye kadar kavurun. Şarap veya şeri, soya sosu ve et suyu ekleyin, kaynatın ve 4 dakika pişirin. Mısır unu ve suyu bir macun haline getirin, tavada karıştırın ve sos berraklaşıp koyulaşana kadar karıştırarak pişirin. Sosu karideslerin üzerine dökün ve servis yapın.

Susamlı kızarmış karides

4 kişilik

450 gr soyulmuş karides

½ yumurta akı

5 ml / 1 çay kaşığı soya sosu

5 ml / 1 çay kaşığı susam yağı

50 gr / 2 oz / ½ su bardağı mısır unu (mısır)

tuz ve taze çekilmiş beyaz biber

kızartmalık yağ

60 ml / 4 yemek kaşığı susam

Lahana Yaprakları

Karidesleri yumurta akı, soya sosu, susam yağı, mısır nişastası, tuz ve karabiberle karıştırın. Karışım çok kalınsa biraz su ekleyin. Yağı ısıtın ve karidesleri kızarana kadar birkaç dakika kızartın. Bu süre zarfında, susam tohumlarını kuru bir tavada altın rengi kahverengi olana kadar kısaca kızartın. Karidesleri süzün ve susamla karıştırın. Bir salata yatağında servis yapın.

Kabuğunda kızartılmış karides

4 kişilik

60 ml / 4 yemek kaşığı fıstık yağı

750 gr / 1¬Ω lb kabuklu karides

3 frenk soğanı (soğan), doğranmış

3 dilim kıyılmış zencefil kökü

2,5 ml / ¬Ω çay kaşığı tuz

15 ml / 1 yemek kaşığı pirinç şarabı veya sek şeri

120 ml / 4 fl oz / ¬Ω fincan ketçap (ketçap)

15 ml / 1 yemek kaşığı soya sosu

15 ml / 1 yemek kaşığı şeker

15 ml / 1 yemek kaşığı mısır unu (mısır nişastası)

60 ml / 4 yemek kaşığı su

Yağı ısıtın ve karidesleri pişmişse 1 dakika, çiğse altın rengi olana kadar kızartın. Arpacık soğan, zencefil, tuz ve şarap veya şeri ekleyin ve 1 dakika kızartın. Ketçap, soya sosu ve şekeri ekleyip 1 dakika kavurun. Mısır unu ve suyu karıştırıp tencereye alın ve karıştırarak sos hafifleyip koyulaşana kadar pişirin.

kızarmış karides

4 kişilik

75 gr / 3 oz / ¬° fincan mısır unu (mısır nişastası)

1 yumurta akı

5 ml / 1 çay kaşığı pirinç şarabı veya kuru şeri

tuz

350 gr / 12 ons soyulmuş karides

kızartmalık yağ

Kalın bir karışım elde etmek için mısır ezmesi, yumurta akı, şarap veya şeri ve biraz tuzu karıştırın. İyice kaplanana kadar karidesleri hamura batırın. Yağı yeterince sıcak olana kadar ısıtın ve karidesleri altın rengi kahverengi olana kadar birkaç dakika kızartın. Yağdan çıkarın, çok sıcak olana kadar ısıtın ve karidesleri çıtır çıtır ve altın rengi olana kadar tekrar kızartın.

karides tempura

4 kişilik

450 gr soyulmuş karides
30 ml / 2 yemek kaşığı çok amaçlı un
30 ml / 2 yemek kaşığı mısır unu (mısır nişastası)
30 ml / 2 yemek kaşığı su
2 çırpılmış yumurta
kızartmalık yağ

Karideyi iç yayın ortasından kesin ve bir kelebek oluşturacak şekilde yayın. Un, mısır nişastası ve suyu karıştırarak hamur haline getirin, ardından yumurtaları ekleyin. Yağı ısıtın ve karidesleri kızarana kadar kızartın.

Yorulmak

4 kişilik

30 ml / 2 yemek kaşığı fıstık yağı

2 frenk soğanı (soğan), doğranmış

1 diş ezilmiş sarımsak

1 dilim zencefil kökü, doğranmış

100 gr tavuk göğsü, şeritler halinde kesilmiş

100 gr şeritler halinde kesilmiş jambon

100 gr bambu filizi, şeritler halinde kesilmiş

100 gr su kestanesi, şeritler halinde kesilmiş

225 gr soyulmuş karides

30 ml / 2 yemek kaşığı soya sosu

30 ml / 2 yemek kaşığı pirinç şarabı veya kuru şeri

5 ml / 1 çay kaşığı tuz

5 ml / 1 çay kaşığı şeker

5 ml / 1 tatlı kaşığı mısır unu (mısır nişastası)

Yağı ısıtın ve soğan, sarımsak ve zencefili hafifçe kızarana kadar kızartın. Tavuğu ekleyin ve 1 dakika kızartın. Jambonu, bambu filizlerini ve kestaneleri ekleyin ve 3 dakika kızartın. Karidesleri ekleyin ve 1 dakika kızartın. Soya sosu, şarap veya şeri, tuz ve şekeri ekleyin ve 2 dakika kızartın. Mısır ununu bir miktar su ile karıştırarak bir kapta karıştırın ve kısık ateşte 2 dakika karıştırarak pişirin.

tofu ile karides

4 kişilik

45 ml / 3 yemek kaşığı fıstık (yer fıstığı) yağı

225 gr tofu, doğranmış

1 frenk soğanı (soğan), doğranmış

1 diş ezilmiş sarımsak

15 ml / 1 yemek kaşığı soya sosu

5 ml / 1 çay kaşığı şeker

90 ml / 6 yemek kaşığı balık suyu

225 gr soyulmuş karides

15 ml / 1 yemek kaşığı mısır unu (mısır nişastası)

45 ml / 3 yemek kaşığı su

Yağın yarısını ısıtın ve tofuyu hafifçe kızarana kadar kızartın, ardından tavadan çıkarın. Kalan yağı ısıtın ve frenk soğanı ve sarımsağı açık kahverengi olana kadar kızartın. Soya sosu, şeker ve et suyunu ekleyip kaynamaya bırakın. Karidesleri ekleyin ve 3 dakika kısık ateşte karıştırın. Mısır unu ve suyu macun haline getirin, tavaya alın ve karıştırarak sos koyulaşana kadar pişirin. Tofuyu tavaya geri koyun ve iyice ısınana kadar pişirin.

domatesli karides

4 kişilik

2 yumurta akı
30 ml / 2 yemek kaşığı mısır unu (mısır nişastası)
5 ml / 1 çay kaşığı tuz
450 gr soyulmuş karides
kızartmalık yağ
30 ml / 2 yemek kaşığı pirinç şarabı veya kuru şeri
225 gr domates, soyulmuş, çekirdekleri çıkarılmış ve doğranmış

Yumurta akı, mısır nişastası ve tuzu karıştırın. İyi kaplanana kadar karides ekleyin. Yağı ısıtın ve karidesleri pişene kadar kızartın. 15 ml/1 yemek kaşığı yağ dışında hepsini dökün ve yeniden ısıtın. Şarap veya şeri ve domates ekleyin ve kaynatın. Karides ekleyin ve servis yapmadan önce hızlıca tekrar ısıtın.

domates soslu karides

4 kişilik

30 ml / 2 yemek kaşığı fıstık yağı

1 diş ezilmiş sarımsak

2 dilim kıyılmış zencefil kökü

2,5 ml / ½ çay kaşığı tuz

15 ml / 1 yemek kaşığı pirinç şarabı veya sek şeri

15 ml / 1 yemek kaşığı soya sosu

6 ml / 4 yemek kaşığı ketçap (ketçap)

120 ml / 4 fl oz / ½ fincan balık suyu

350 gr / 12 ons soyulmuş karides

10 ml / 2 çay kaşığı mısır unu (mısır nişastası)

30 ml / 2 yemek kaşığı su

Yağı ısıtın ve sarımsak, zencefil ve tuzu 2 dakika kızartın. Şarap veya şeri, soya sosu, ketçap ve et suyu ekleyin ve kaynatın. Karides ekleyin, örtün ve 2 dakika kısık ateşte pişirin. Mısır unu ve suyu macun haline getirin, tavada karıştırın ve sos hafifleyip koyulaşana kadar karıştırarak pişirin.

Domates ve chile soslu karides

4 kişilik

60 ml / 4 yemek kaşığı fıstık yağı
15 ml / 1 yemek kaşığı öğütülmüş zencefil
15 ml / 1 yemek kaşığı kıyılmış sarımsak
15 ml / 1 yemek kaşığı kıyılmış frenk soğanı
60 ml / 4 yemek kaşığı salça (salça)
15 ml / 1 yemek kaşığı acı sos
450 gr soyulmuş karides
15 ml / 1 yemek kaşığı mısır unu (mısır nişastası)
15 ml / 1 yemek kaşığı su

Yağı ısıtın ve zencefil, sarımsak ve frenk soğanı 1 dakika kızartın. Domates püresini ve biber salçasını ekleyip iyice karıştırın. Karidesleri ekleyin ve 2 dakika kızartın. Mısır unu ve suyu macun haline getirin, tavada karıştırın ve sos koyulaşana kadar pişirin. Hemen servis yapın.

Domates soslu kızarmış karides

4 kişilik

50 g / 2 oz / ¬Ω fincan çok amaçlı un

2,5 ml / ¬Ω çay kaşığı tuz

1 yumurta, hafifçe çırpılmış

30 ml / 2 yemek kaşığı su

450 gr soyulmuş karides

kızartmalık yağ

30 ml / 2 yemek kaşığı fıstık yağı

1 soğan ince kıyılmış

2 dilim kıyılmış zencefil kökü

75 ml / 5 yemek kaşığı ketçap (ketçap)

10 ml / 2 çay kaşığı mısır unu (mısır nişastası)

30 ml / 2 yemek kaşığı su

Un, tuz, yumurta ve suyu karıştırarak hamur yapın, gerekirse biraz daha su ekleyin. İyice kaplanana kadar karidesle atın. Yağı ısıtın ve karidesleri çıtır çıtır ve altın rengi olana kadar birkaç dakika kızartın. Kağıt havluların üzerine boşaltın.

Bu arada, yağı ısıtın ve soğanı ve zencefili yumuşayana kadar kızartın. Ketçap ekleyin ve 3 dakika pişirin. Mısır unu ve suyu macun haline getirin, tavaya alın ve karıştırarak sos koyulaşana kadar pişirin. Karidesleri tavaya ekleyin ve pişene kadar kısık ateşte pişirin. Hemen servis yapın.

sebzeli karides

4 kişilik

15 ml / 1 yemek kaşığı fıstık yağı

225 gr brokoli

225g / 8 ons mantar

225 gr bambu filizi, dilimler halinde kesilmiş

450 gr soyulmuş karides

120 ml / 4 fl oz / ½ bardak tavuk suyu

5 ml / 1 tatlı kaşığı mısır unu (mısır nişastası)

5 ml / 1 çay kaşığı istiridye sosu

2,5 ml / ½ çay kaşığı şeker

2,5 ml / ½ çay kaşığı rendelenmiş zencefil kökü

bir tutam taze çekilmiş biber

Yağı ısıtın ve brokoliyi 1 dakika kızartın. Mantarları ve bambu filizlerini ekleyip 2 dakika kavurun. Karidesleri ekleyin ve 2 dakika kızartın. Diğer malzemeleri birleştirin ve karides karışımı ile karıştırın. Kaynatın, karıştırın ve sürekli karıştırarak 1 dakika pişirin.

su kestanesi ile karides

4 kişilik

60 ml / 4 yemek kaşığı fıstık yağı
1 diş kıyılmış sarımsak
1 dilim zencefil kökü, doğranmış
450 gr soyulmuş karides
30 ml / 2 yemek kaşığı pirinç şarabı veya kuru şeri 225 gr / 8 ons
su kestanesi, dilimlenmiş
30 ml / 2 yemek kaşığı soya sosu
15 ml / 1 yemek kaşığı mısır unu (mısır nişastası)
45 ml / 3 yemek kaşığı su

Yağı ısıtın ve sarımsak ve zencefili hafifçe kızarana kadar kızartın. Karidesleri ekleyin ve 1 dakika kızartın. Şarap veya şeri ekleyin ve iyice karıştırın. Su kestanelerini ekleyip 5 dakika kavurun. Diğer malzemeleri ekleyip 2 dakika kavurun.

karides mantısı

4 kişilik

450 gr soyulmuş karides, doğranmış

225 gr / 8 oz karışık sebze, doğranmış

15 ml / 1 yemek kaşığı soya sosu

2,5 ml / ¬Ω çay kaşığı tuz

birkaç damla susam yağı

40 wonton görünüm

kızartmalık yağ

Karides, sebze, soya sosu, tuz ve susam yağını karıştırın.

Wontonları katlamak için deriyi sol elinizin avuç içi ile tutun ve ortasına dolgunun bir kısmını yerleştirin. Kenarları yumurta ile nemlendirin, cildi bir üçgen şeklinde katlayın ve kenarlarını yapıştırın. Kenarlarını yumurta ile ıslatıp çevirin.

Yağı ısıtın ve altın kahverengi olana kadar birkaç wonton kızartın. Servis yapmadan önce iyice süzün.

tavuklu abalone

4 kişilik

400 gr / 14 oz konserve deniz kulağı

30 ml / 2 yemek kaşığı fıstık yağı

100g/4oz tavuk göğsü, doğranmış

100 gr / 4 ons bambu filizi, dilimlenmiş

250 ml / 8 fl oz / 1 su bardağı balık suyu

15 ml / 1 yemek kaşığı pirinç şarabı veya sek şeri

5 ml / 1 çay kaşığı şeker

2,5 ml / ¬Ω çay kaşığı tuz

15 ml / 1 yemek kaşığı mısır unu (mısır nişastası)

45 ml / 3 yemek kaşığı su

Suyunu ayırarak denizkulağının suyunu süzün ve dilimleyin. Yağı ısıtın ve tavuğu hafif bir renk alana kadar kızartın. Denizkulağı ve bambu filizlerini ekleyip 1 dakika kavurun. Denizkulağı sıvısını, suyu, şarabı veya şeriyi, şekeri ve tuzu ekleyin, kaynatın ve 2 dakika pişirin. Mısır unu ve suyu bir macun haline getirin ve sos berrak ve kalın olana kadar karıştırarak pişirin. Hemen servis yapın.

kuşkonmazlı denizkulağı

4 kişilik

10 adet kuru Çin mantarı

30 ml / 2 yemek kaşığı fıstık yağı

15 ml / 1 yemek kaşığı su

225 gr / 8 ons kuşkonmaz

2,5 ml / ½ çay kaşığı balık sosu

15 ml / 1 yemek kaşığı mısır unu (mısır nişastası)

225 gr / 8 oz konserve deniz kulağı, dilimlenmiş

60 ml / 4 yemek kaşığı çorba

½ küçük havuç, dilimler halinde kesilmiş

5 ml / 1 çay kaşığı soya sosu

5 ml / 1 çay kaşığı istiridye sosu

5 ml / 1 çay kaşığı pirinç şarabı veya kuru şeri

Mantarları 30 dakika ılık suda bekletin, sonra süzün. Sapları atın. 15 ml / 1 çorba kaşığı yağı suyla ısıtın ve mantarları 10 dakika kızartın. Bu arada kuşkonmazı balık sosu ve 5 ml/1 çay kaşığı mısır unu ile kaynayan suda yumuşayana kadar pişirin. İyice süzün ve mantarlarla birlikte ocağa koyun. Onları sıcak tut. Kalan yağı ısıtın ve denizkulağı birkaç saniye kızartın, ardından et suyu, havuç, soya sosu, istiridye sosu, şarap veya şeri ve kalan mısır nişastasını ekleyin. Pişene kadar yaklaşık 5 dakika pişirin, ardından kuşkonmazın üzerine dökün ve servis yapın.

Abalon mantarlı

4 kişilik

6 adet kuru Çin mantarı
400 gr / 14 oz konserve deniz kulağı
45 ml / 3 yemek kaşığı fıstık (yer fıstığı) yağı
2,5 ml / ¬Ω çay kaşığı tuz
15 ml / 1 yemek kaşığı pirinç şarabı veya sek şeri
3 taze soğan (kase), kalın dilimlenmiş

Mantarları 30 dakika ılık suda bekletin, sonra süzün. Sapları atın ve üstleri kesin. Suyunu ayırarak denizkulağının suyunu süzün ve dilimleyin. Yağı ısıtın ve tuzu ve mantarları 2 dakika kızartın. Denizkulağı sıvısını ve şeriyi ekleyin, kaynatın, üzerini kapatın ve 3 dakika pişirin. Frenk soğanı ve soğan ekleyin ve tamamen ısınana kadar pişirin. Hemen servis yapın.

İstiridye soslu Abalone

4 kişilik

400 gr / 14 oz konserve deniz kulağı

15 ml / 1 yemek kaşığı mısır unu (mısır nişastası)
15 ml / 1 yemek kaşığı soya sosu
45 ml / 3 yemek kaşığı istiridye sosu
30 ml / 2 yemek kaşığı fıstık yağı
50 gr tütsülenmiş jambon, doğranmış

90 ml / 6 yemek kaşığı sıvı bırakarak denizkulağı kutusunu boşaltın. Bunu mısır unu, soya sosu ve istiridye sosuyla karıştırın. Yağı ısıtın ve süzülmüş denizkulağı 1 dakika kızartın. Sos karışımını ekleyin ve karıştırarak yaklaşık 1 dakika tamamen ısınana kadar pişirin. Sıcak bir tabağa aktarın ve jambonla süsleyerek servis yapın.

buğulanmış deniz ürünleri

4 kişilik

24 sandviç

Kabuklara iyice masaj yapın, ardından birkaç saat tuzlu suda bekletin. Akan suda yıkayın ve yanmaz sığ bir kaba koyun. Bir buharlayıcıdaki rafa yerleştirin, üzerini kapatın ve tüm istiridyeler açılıncaya kadar yaklaşık 10 dakika kaynar suda buharlayın. Hala kapalı olanları atın. Soslarla servis yapın.

Fasulye filizli sandviç

4 kişilik

24 sandviç

15 ml / 1 yemek kaşığı fıstık yağı

150g / 5 ons fasulye filizi

1 adet şeritler halinde kesilmiş yeşil biber

2 frenk soğanı (soğan), doğranmış

15 ml / 1 yemek kaşığı pirinç şarabı veya sek şeri

tuz ve taze çekilmiş karabiber

2,5 ml / ¬Ω çay kaşığı susam yağı

50 gr tütsülenmiş jambon, doğranmış

Kabuklara iyice masaj yapın, ardından birkaç saat tuzlu suda bekletin. Akan suda durulayın. Bir tencereye su kaynatın, istiridyeleri ekleyin ve açılıncaya kadar birkaç dakika pişirin. Hala kapalı olan her şeyi boşaltın ve atın. Kabukları kabuklardan çıkarın.

Yağı ısıtın ve fasulye filizlerini 1 dakika kızartın. Kırmızı biber ve frenk soğanı ekleyin ve 2 dakika kızartın. Şarap veya şeri ekleyin ve tuz ve karabiber ekleyin. Isıtın, ardından istiridyeleri ekleyin ve iyice birleşene ve ısıtılana kadar karıştırın. Sıcak bir tabağa aktarın ve susam yağı ve jambon serperek servis yapın.

Zencefil ve sarımsaklı sandviç

4 kişilik

24 sandviç

15 ml / 1 yemek kaşığı fıstık yağı

2 dilim kıyılmış zencefil kökü

2 diş sarımsak, doğranmış

15 ml / 1 yemek kaşığı su

5 ml / 1 çay kaşığı susam yağı

tuz ve taze çekilmiş karabiber

Kabuklara iyice masaj yapın, ardından birkaç saat tuzlu suda bekletin. Akan suda durulayın. Yağı ısıtın ve zencefil ve sarımsağı 30 saniye kızartın. İstiridyeleri, suyu ve susam yağını ekleyin, kapağını kapatın ve midyeler açılıncaya kadar yaklaşık 5 dakika pişirin. Hala kapalı olanları atın. Tuz ve karabiberle hafifçe tatlandırın ve hemen servis yapın.

Kızarmış istiridyeler

4 kişilik

24 sandviç

60 ml / 4 yemek kaşığı fıstık yağı

4 diş sarımsak, doğranmış

1 doğranmış soğan

2,5 ml / ¬Ω çay kaşığı tuz

Kabuklara iyice masaj yapın, ardından birkaç saat tuzlu suda bekletin. Akan suda durulayın ve ardından kurutun. Yağı ısıtın ve sarımsak, soğan ve tuzu kızarana kadar kızartın. İstiridyeleri ekleyin, üzerini kapatın ve tüm istiridyeler açılıncaya kadar yaklaşık 5 dakika pişirin. Hala kapalı olanları atın. 1 dakika daha hafifçe kızartın, yağ püskürtün.

yengeç kekleri

4 kişilik

225 gr fasulye filizi

60 ml / 4 yemek kaşığı fıstık yağı 100 gr / 4 ons bambu filizleri, şeritler halinde kesilmiş

1 doğranmış soğan

225 gr / 8 ons yengeç eti, kuşbaşı

4 adet hafif çırpılmış yumurta

15 ml / 1 yemek kaşığı mısır unu (mısır nişastası)

30 ml / 2 yemek kaşığı soya sosu

tuz ve taze çekilmiş karabiber

Fasulye filizlerini kaynar suda 4 dakika haşladıktan sonra süzün. Yağın yarısını ısıtın ve fasulye filizlerini, bambu filizlerini ve soğanı yumuşayana kadar kızartın. Ateşten alın ve yağ hariç diğer malzemelerle karıştırın. Temiz bir tavada, kalan yağı ısıtın ve yengeç karışımından birer kaşık alarak çörekler yapın. Her iki tarafta hafifçe kızarana kadar kızartın, sonra servis yapın.

yengeç kremi

4 kişilik

225 gr / 8 ons yengeç eti

5 çırpılmış yumurta

1 adet ince kıyılmış frenk soğanı (soğan)

250 ml / 8 sıvı oz / 1 bardak su

5 ml / 1 çay kaşığı tuz

5 ml / 1 çay kaşığı susam yağı

Tüm malzemeleri iyice karıştırın. Bir kaba koyun, üzerini örtün ve sıcak su üzerinde bir banyoya veya bir buhar rafına yerleştirin. Ara sıra karıştırarak krema kıvamına gelene kadar yaklaşık 35 dakika buharda pişirin. Pirinçle servis yapın.

Çin şişirilmiş yengeç eti

4 kişilik

450 g / 1 lb Çin yaprağı, yırtılmış
45 ml / 3 yemek kaşığı sıvı yağ
2 frenk soğanı (soğan), doğranmış
225 gr / 8 ons yengeç eti
15 ml / 1 yemek kaşığı soya sosu
15 ml / 1 yemek kaşığı pirinç şarabı veya sek şeri
5 ml / 1 çay kaşığı tuz

Çin yapraklarını kaynar suda 2 dakika haşlayın, ardından iyice durulayın ve soğuk suyla durulayın. Yağı ısıtın ve frenk soğanı açık kahverengi olana kadar kızartın. Yengeç etini ekleyip 2 dakika kavurun. Çin yapraklarını ekleyin ve 4 dakika kızartın. Soya sosu, şarap veya şeri ve tuz ekleyin ve iyice karıştırın. Et suyunu ve mısır ezmesini ekleyin, kaynatın ve sos hafifleyip koyulaşana kadar 2 dakika karıştırarak pişirin.

Fasulye Filizi ile Foo Yung Yengeç

4 kişilik

6 çırpılmış yumurta

45 ml / 3 yemek kaşığı mısır unu (mısır nişastası)

225 gr / 8 ons yengeç eti

100 gr fasulye filizi

2 baş kırmızı soğan (kap), ince kıyılmış

2,5 ml / ¬Ω çay kaşığı tuz

45 ml / 3 yemek kaşığı fıstık (yer fıstığı) yağı

Yumurtaları çırpın ve mısır unu ekleyin. Yağ hariç kalanı karıştırın. Yağı ısıtın ve yaklaşık 3 cm genişliğinde küçük krepler yapmak için karışımı yavaşça tavaya dökün. Altı kızarana kadar kızartın, sonra diğer tarafı çevirin ve kızartın.

Zencefilli yengeç

4 kişilik

15 ml / 1 yemek kaşığı fıstık yağı

2 dilim kıyılmış zencefil kökü

4 frenk soğanı (soğan), doğranmış

3 diş sarımsak, doğranmış

1 doğranmış kırmızı biber

350 gr yengeç eti, kuşbaşı

2,5 ml / ¬Ω çay kaşığı balık ezmesi

2,5 ml / ¬Ω çay kaşığı susam yağı

15 ml / 1 yemek kaşığı pirinç şarabı veya sek şeri

5 ml / 1 tatlı kaşığı mısır unu (mısır nişastası)

15 ml / 1 yemek kaşığı su

Yağı ısıtın ve zencefil, frenk soğanı, sarımsak ve biberi 2 dakika kızartın. Yengeç etini ekleyin ve baharatlarla iyice kaplanana kadar karıştırın. Balık ezmesini ekleyin. Kalan malzemeleri bir hamur haline getirin, ardından tavaya koyun ve 1 dakika kızartın. Hemen servis yapın.

Yengeç Lo Mein

4 kişilik

100 gr fasulye filizi

30 ml / 2 yemek kaşığı fıstık yağı

5 ml / 1 çay kaşığı tuz

1 dilim soğan

100g / 4oz mantar, dilimlenmiş

225 gr / 8 ons yengeç eti, kuşbaşı

100 gr / 4 ons bambu filizi, dilimlenmiş

kızarmış erişte

30 ml / 2 yemek kaşığı soya sosu

5 ml / 1 çay kaşığı şeker

5 ml / 1 çay kaşığı susam yağı

tuz ve taze çekilmiş karabiber

Fasulye filizlerini kaynar suda 5 dakika haşladıktan sonra süzün. Yağı ısıtın ve tuzu ve soğanı kızarana kadar kızartın. Mantarları ekleyin ve yumuşayana kadar kızartın. Yengeç etini ekleyip 2 dakika kavurun. Fasulye filizlerini ve bambu filizlerini ekleyip 1 dakika kavurun. Süzülmüş makarnayı tavaya ekleyin ve yavaşça atın. Soya sosu, şeker ve susam yağını karıştırın ve tuz ve karabiber ekleyin. Tamamen ısınana kadar tavada karıştırın.

Domuz eti ile kızarmış yengeç

4 kişilik

30 ml / 2 yemek kaşığı fıstık yağı

100 gr domuz kıyması

350 gr yengeç eti, kuşbaşı

2 dilim kıyılmış zencefil kökü

2 yumurta hafifçe çırpılmış

15 ml / 1 yemek kaşığı soya sosu

15 ml / 1 yemek kaşığı pirinç şarabı veya sek şeri

30 ml / 2 yemek kaşığı su

tuz ve taze çekilmiş karabiber

4 frenk soğanı (yeşil soğan), şeritler halinde kesilmiş

Yağı ısıtın ve domuz etini hafif bir renk alana kadar kızartın. Yengeç eti ve zencefili ekleyip 1 dakika kavurun. Yumurtaları ekleyin. Soya sosu, şarap veya şeri, su, tuz ve karabiber ekleyin ve karıştırarak yaklaşık 4 dakika pişirin. Frenk soğanı ile süslenmiş servis yapın.

Ekmekli yengeç eti

4 kişilik

30 ml / 2 yemek kaşığı fıstık yağı

450 gr yengeç eti, kuşbaşı

2 frenk soğanı (soğan), doğranmış

2 dilim kıyılmış zencefil kökü

30 ml / 2 yemek kaşığı soya sosu

30 ml / 2 yemek kaşığı pirinç şarabı veya kuru şeri

2,5 ml / ¬Ω çay kaşığı tuz

15 ml / 1 yemek kaşığı mısır unu (mısır nişastası)

60 ml / 4 yemek kaşığı su

Yağı ısıtın ve yengeç eti, frenk soğanı ve zencefili 1 dakika kızartın. Soya sosu, şarap veya şeri ve tuz ekleyin, üzerini kapatın ve 3 dakika pişirin. Mısır unu ve suyu bir macun haline getirin, tavada karıştırın ve sos berraklaşıp koyulaşana kadar karıştırarak pişirin.

kızarmış kalamar köfte

4 kişilik

450 gr kalamar

50 gr domuz yağı, ufalanmış

1 yumurta akı

2,5 ml / ¬Ω çay kaşığı şeker

2,5 ml / ¬Ω çay kaşığı mısır nişastası (mısır nişastası)

tuz ve taze çekilmiş karabiber

kızartmalık yağ

Kalamarı kesin ve ezin veya macun haline getirin. Domuz yağı, yumurta akı, şeker ve mısır nişastası ile karıştırın ve tuz ve karabiber ekleyin. Karışımı toplara bastırın. Yağı ısıtın ve gerekirse kalamar toplarını yağın yüzeyine çıkana ve altın rengi kahverengi olana kadar azar azar kızartın. İyice süzün ve hemen servis yapın.

Kanton ıstakozu

4 kişilik

2 ıstakoz
30 ml / 2 yemek kaşığı sıvı yağ
15 ml / 1 yemek kaşığı siyah fasulye sosu
1 diş ezilmiş sarımsak
1 doğranmış soğan
225 gr domuz kıyması (öğütülmüş)
45 ml / 3 yemek kaşığı soya sosu
5 ml / 1 çay kaşığı şeker
tuz ve taze çekilmiş karabiber
15 ml / 1 yemek kaşığı mısır unu (mısır nişastası)
75 ml / 5 yemek kaşığı su
1 çırpılmış yumurta

Istakozun buzunu çözün, eti çıkarın ve 2,5 cm'lik küpler halinde kesin. Yağı ısıtın ve siyah fasulye, sarımsak ve soğan sosunu açık kahverengi olana kadar kızartın. Domuz eti ekleyin ve kızarana kadar kızartın. Soya sosu, şeker, tuz, karabiber ve ıstakozu ekleyin, üzerini kapatın ve yaklaşık 10 dakika pişirin. Mısır unu ve suyu macun haline getirin, tavada karıştırın ve sos hafifleyip koyulaşana kadar karıştırarak pişirin. Ateşi kapatın ve servis yapmadan önce yumurtayı ekleyin.

kızarmış ıstakoz

4 kişilik

450 gr / 1 pound ıstakoz eti

30 ml / 2 yemek kaşığı soya sosu

5 ml / 1 çay kaşığı şeker

1 çırpılmış yumurta

30 ml / 3 yemek kaşığı çok amaçlı un

kızartmalık yağ

Istakoz etini 2,5 cm/1 küp şeklinde kesin ve soya sosu ve şekerle karıştırın. 15 dakika bekletin ve sonra süzün. Yumurta ve unu çırpın, ardından ıstakozu ekleyin ve iyice karıştırın. Yağı ısıtın ve ıstakozu kızarana kadar kızartın. Servis yapmadan önce mutfak kağıdına boşaltın.

Jambonlu buğulanmış ıstakoz

4 kişilik

4 adet hafif çırpılmış yumurta

60 ml / 4 yemek kaşığı su

5 ml / 1 çay kaşığı tuz

15 ml / 1 yemek kaşığı soya sosu

450 gr / 1 lb ıstakoz eti, pul

15 ml / 1 yemek kaşığı kıyılmış prosciutto

15 ml / 1 yemek kaşığı doğranmış taze maydanoz

Yumurtaları su, tuz ve soya sosuyla çırpın. Fırına dayanıklı bir kaba dökün ve ıstakoz etinin üzerine serpin. Kâseyi buhar banyosundaki rafa yerleştirin, üzerini kapatın ve yumurtalar sertleşene kadar 20 dakika buharda pişirin. Jambon ve maydanozla süsleyerek servis yapın.

mantarlı ıstakoz

4 kişilik

450 gr / 1 pound ıstakoz eti

15 ml / 1 yemek kaşığı mısır unu (mısır nişastası)

60 ml / 4 yemek kaşığı su

30 ml / 2 yemek kaşığı fıstık yağı

4 frenk soğanı (yeşil soğan), kalın dilimlenmiş

100g / 4oz mantar, dilimlenmiş

2,5 ml / ¬Ω çay kaşığı tuz

1 diş ezilmiş sarımsak

30 ml / 2 yemek kaşığı soya sosu

15 ml / 1 yemek kaşığı pirinç şarabı veya sek şeri

Istakoz etini 2,5 cm'lik küpler halinde kesin. Mısır unu ve suyu macun haline getirin ve ıstakoz küplerini kaplama karışımına atın. Yağın yarısını ısıtın ve ıstakoz küplerini hafifçe kızarana kadar kızartın, ardından tavadan çıkarın. Kalan yağı ısıtın ve taze soğanı açık kahverengi olana kadar kızartın. Mantarları ekleyin ve 3 dakika kızartın. Tuz, sarımsak, soya sosu ve şarap veya şeri ekleyin ve 2 dakika kızartın. Istakozu tavaya geri koyun ve pişene kadar kızartın.

Domuz eti ile ıstakoz kuyrukları

4 kişilik

3 adet kuru Çin mantarı

4 ıstakoz kuyruğu

60 ml / 4 yemek kaşığı fıstık yağı

100 gr domuz kıyması

50 gr ince kıyılmış su kestanesi

tuz ve taze çekilmiş karabiber

2 diş sarımsak, doğranmış

45 ml / 3 yemek kaşığı soya sosu

30 ml / 2 yemek kaşığı pirinç şarabı veya kuru şeri

30 ml / 2 yemek kaşığı siyah fasulye sosu

10 ml / 2 yemek kaşığı mısır unu (mısır nişastası)

120 ml / 4 fl oz / ¬Ω bardak su

Mantarları 30 dakika ılık suda bekletin, sonra süzün. Sapları atın ve üstleri doğrayın. Istakoz kuyruklarını uzunlamasına ikiye bölün. Eti ıstakoz kuyruklarından çıkarın ve kabukları saklayın. Yağın yarısını ısıtın ve domuz etini hafif bir renk alana kadar kızartın. Ateşten alın ve mantar, ıstakoz eti, kestane, tuz ve karabiberi ilave edip karıştırın. Eti tekrar ıstakoz kabuklarına bastırın ve bir fırın tepsisine yerleştirin. Bir buharlayıcıda bir rafa yerleştirin, üzerini örtün ve pişene kadar yaklaşık 20 dakika buharda pişirin. Bu sırada kalan yağı ısıtın ve sarımsak, soya sosu, şarap veya şeri ve siyah fasulye sosunu 2 dakika kızartın. Mısır unu ve suyu macun kıvamına gelene kadar karıştırıp tencereye alın ve karıştırarak sos koyulaşana kadar pişirin. Istakozu ocağa koyun,

kızarmış ıstakoz

4 kişilik

450 gr ıstakoz kuyruğu

30 ml / 2 yemek kaşığı fıstık yağı

1 diş ezilmiş sarımsak

2,5 ml / ¬Ω çay kaşığı tuz

350 gr / 12 ons fasulye filizi

50g / 2 ons mantar

4 frenk soğanı (yeşil soğan), kalın dilimlenmiş

150 ml / ¬° pt / büyük ¬Ω fincan tavuk suyu

15 ml / 1 yemek kaşığı mısır unu (mısır nişastası)

Bir tencere suyu kaynatın, ıstakoz kuyruklarını ekleyin ve 1 dakika pişirin. Süzün, soğutun, cildi çıkarın ve daha kalın dilimler halinde kesin. Yağı sarımsak ve tuzla ısıtın ve sarımsak hafifçe kızarana kadar kızartın. Istakoz ekleyin ve 1 dakika kızartın. Fasulye filizi ve mantarları ekleyip 1 dakika kavurun. Frenk soğanı ekleyin. Et suyunun çoğunu ekleyin, kaynatın, üzerini kapatın ve 3 dakika pişirin. Mısır unu ile kalan suyu karıştırın, tavaya dökün ve sos hafif ve koyu bir kıvam alana kadar karıştırarak pişirin.

ıstakoz yuvası

4 kişilik

30 ml / 2 yemek kaşığı fıstık yağı

5 ml / 1 çay kaşığı tuz

1 soğan ince kıyılmış

100g / 4oz mantar, dilimlenmiş

100g/4oz bambu filizleri, dilimlenmiş 225g/8oz pişmiş ıstakoz eti

15 ml / 1 yemek kaşığı pirinç şarabı veya sek şeri

120 ml / 4 fl oz / ¬Ω bardak tavuk suyu

bir tutam taze çekilmiş biber

10 ml / 2 çay kaşığı mısır unu (mısır nişastası)

15 ml / 1 yemek kaşığı su

erişte için 4 sepet

Yağı ısıtın ve tuzu ve soğanı kızarana kadar kızartın. Mantarları ve bambu filizlerini ekleyip 2 dakika kavurun. Istakoz eti, şarap veya şeri ve suyu ekleyin, kaynatın, üzerini kapatın ve 2 dakika pişirin. Biberle tatlandırın. Mısır unu ve suyu macun haline getirin, tavaya alın ve karıştırarak sos koyulaşana kadar pişirin. Erişte yuvalarını sıcak bir tabağa yerleştirin ve kızarmış ıstakozu üzerlerine yerleştirin.

Siyah fasulye soslu midye

4 kişilik

45 ml / 3 yemek kaşığı fıstık (yer fıstığı) yağı

2 diş sarımsak, doğranmış

2 dilim kıyılmış zencefil kökü

30 ml / 2 yemek kaşığı siyah fasulye sosu

15 ml / 1 yemek kaşığı soya sosu

1,5 kg / 3 lb midye, yıkanmış ve ayıklanmış

2 frenk soğanı (soğan), doğranmış

Yağı ısıtın ve sarımsak ve zencefili 30 saniye kızartın. Siyah fasulye sosu ve soya sosu ekleyin ve 10 saniye karıştırarak kızartın. Midyeleri ekleyin, üzerini kapatın ve midyeler açılıncaya kadar yaklaşık 6 dakika pişirin. Hala kapalı olanları atın. Sıcak bir tabağa aktarın ve frenk soğanı serperek servis yapın.

zencefilli midye

4 kişilik

45 ml / 3 yemek kaşığı fıstık (yer fıstığı) yağı

2 diş sarımsak, doğranmış

4 dilim kıyılmış zencefil kökü

1,5 kg / 3 lb midye, yıkanmış ve ayıklanmış

45 ml / 3 yemek kaşığı su

15 ml / 1 yemek kaşığı istiridye sosu

Yağı ısıtın ve sarımsak ve zencefili 30 saniye kızartın. Midyeleri ve suyu ekleyip kapağını kapatın ve midyeler açılıncaya kadar yaklaşık 6 dakika pişirin. Hala kapalı olanları atın. Sıcak bir tabağa aktarın ve istiridye sosu gezdirerek servis yapın.

buğulanmış midye

4 kişilik

1,5 kg / 3 lb midye, yıkanmış ve ayıklanmış
45 ml / 3 yemek kaşığı soya sosu
3 taze soğan (kap), ince kıyılmış

Midyeleri buharlı pişiricideki rafa yerleştirin, üzerini kapatın ve tüm midyeler açılıncaya kadar yaklaşık 10 dakika kaynar suda buharlayın. Hala kapalı olanları atın. Sıcak bir tabağa aktarın ve üzerine soya sosu ve frenk soğanı serperek servis yapın.

Kızarmış istiridyeler

4 kişilik

24 adet kabuklu istiridye
tuz ve taze çekilmiş karabiber
1 çırpılmış yumurta
50 g / 2 oz / ¬Ω fincan çok amaçlı un
250 ml / 8 sıvı oz / 1 bardak su
kızartmalık yağ
4 frenk soğanı (soğan), doğranmış

İstiridyeleri tuz ve karabiber serpin. Yumurtayı un ve su ile bir hamur haline getirin ve istiridyeleri bununla kaplayın. Yağı ısıtın ve istiridyeleri kızarana kadar kızartın. Mutfak kağıdına boşaltın ve frenk soğanı ile süsleyerek servis yapın.

pastırma ile istiridye

4 kişilik
175 gr / 6 ons domuz pastırması
24 adet kabuklu istiridye

1 yumurta, hafifçe çırpılmış

15 ml / 1 yemek kaşığı su

45 ml / 3 yemek kaşığı fıstık (yer fıstığı) yağı

2 doğranmış soğan

15 ml / 1 yemek kaşığı mısır unu (mısır nişastası)

15 ml / 1 yemek kaşığı soya sosu

90 ml / 6 yemek kaşığı tavuk suyu

Pastırmayı parçalara ayırın ve her istiridyenin etrafına bir parça sarın. Yumurtayı suyla çırpın ve kaplamak için istiridyelere daldırın. Yağın yarısını ısıtın ve istiridyeleri her iki tarafı altın rengi olana kadar kızartın, tavadan alın ve yağını boşaltın. Kalan yağı ısıtın ve soğanı yumuşayana kadar kızartın. Mısır unu, soya sosu ve çorbayı macun kıvamına gelene kadar karıştırın, tavaya dökün ve sos berraklaşıp koyulaşana kadar karıştırarak pişirin. İstiridyelerin üzerine dökün ve hemen servis yapın.

Zencefilli kızarmış istiridye

4 kişilik

24 adet kabuklu istiridye

2 dilim kıyılmış zencefil kökü

30 ml / 2 yemek kaşığı soya sosu

15 ml / 1 yemek kaşığı pirinç şarabı veya sek şeri

4 frenk soğanı (yeşil soğan), şeritler halinde kesilmiş

100 gr pastırma

1 yumurta

50 g / 2 oz / ½ fincan çok amaçlı un

tuz ve taze çekilmiş karabiber

kızartmalık yağ

1 limon dilimler halinde kesilmiş

İstiridyeleri zencefil, soya sosu ve şarap veya şeri ile bir kaseye koyun ve iyice karıştırın. 30 dakika bekletin. Her istiridyenin üzerine birkaç şerit frenk soğanı yerleştirin. Pastırmayı parçalara ayırın ve her istiridyenin etrafına bir parça sarın. Yumurta ve unu bir hamur elde edene kadar çırpın ve tuz ve karabiber ekleyin. İstiridyeleri iyice kaplanana kadar hamura batırın. Yağı ısıtın ve istiridyeleri kızarana kadar kızartın. Limon dilimleri ile süsleyerek servis yapın.

Siyah fasulye soslu istiridye

4 kişilik

350 g / 12 ons kabuklu istiridye

120 ml / 4 fl oz / ½ fincan fıstık yağı (yer fıstığı)

2 diş sarımsak, doğranmış

3 taze soğan, dilimlenmiş

15 ml / 1 yemek kaşığı siyah fasulye sosu
30 ml / 2 yemek kaşığı koyu soya sosu
15 ml / 1 yemek kaşığı susam yağı
bir tutam pul biber

İstiridyeleri kaynar suda 30 saniye haşlayın, sonra süzün. Yağı ısıtın ve sarımsak ve frenk soğanı 30 saniye kızartın. Siyah fasulye sosu, soya sosu, susam yağı ve istiridye ekleyin ve istenirse pul biberle tatlandırın. Çok sıcak olana kadar kızartın ve hemen servis yapın.

Bambu filizli deniz tarağı

4 kişilik

60 ml / 4 yemek kaşığı fıstık yağı
6 frenk soğanı (soğan), doğranmış
225 gr mantar, dörde bölünmüş
15 ml / 1 yemek kaşığı şeker
450 gr / 1 pound kabuklu deniz tarağı

2 dilim kıyılmış zencefil kökü
225 gr bambu filizi, dilimler halinde kesilmiş
tuz ve taze çekilmiş karabiber
300 ml / ¬Ω tr / 1 ¬° bardak su
30 ml / 2 yemek kaşığı şarap sirkesi
30 ml / 2 yemek kaşığı mısır unu (mısır nişastası)
150 ml / ¬° pt / büyük ¬Ω bardak su
45 ml / 3 yemek kaşığı soya sosu

Yağı ısıtın ve soğanı ve mantarları 2 dakika kızartın. Şeker, deniz tarağı, zencefil, bambu filizleri, tuz ve karabiberi ekleyip kapağını kapatın ve 5 dakika pişirin. Su ve sirke ekleyin, kaynatın, örtün ve 5 dakika pişirin. Mısır unu ve suyu macun haline getirin, tavaya alın ve karıştırarak sos koyulaşana kadar pişirin. Soya sosu ile baharatlayın ve servis yapın.

yumurtalı deniz tarağı

4 kişilik

45 ml / 3 yemek kaşığı fıstık (yer fıstığı) yağı

350 gr / 12 oz kabuklu deniz tarağı

25 gr tütsülenmiş jambon, doğranmış

30 ml / 2 yemek kaşığı pirinç şarabı veya kuru şeri

5 ml / 1 çay kaşığı şeker

2,5 ml / ¬Ω çay kaşığı tuz

bir tutam taze çekilmiş biber

2 yumurta hafifçe çırpılmış

15 ml / 1 yemek kaşığı soya sosu

Yağı ısıtın ve tarakları 30 saniye kızartın. Jambonu ekleyin ve 1 dakika kızartın. Şarap veya şeri, şeker, tuz ve karabiber ekleyin ve 1 dakika kızartın. Yumurtaları ekleyin ve malzemeler yumurta ile iyice kaplanana kadar yüksek ateşte hafifçe karıştırın. Soya sosu gezdirerek servis yapın.

brokoli ile deniz tarağı

4 kişilik

350 gr deniz tarağı, dilimler halinde kesilmiş

3 dilim kıyılmış zencefil kökü

¬Ω küçük havuç, dilimler halinde kesilmiş

1 diş ezilmiş sarımsak

45 ml / 3 yemek kaşığı sade un (her amaca uygun)

2,5 ml / ¬Ω çay kaşığı karbonat (kabartma tozu)

30 ml / 2 yemek kaşığı fıstık yağı

15 ml / 1 yemek kaşığı su

1 dilim muz

kızartmalık yağ

275 gr / 10 ons brokoli

tuz

5 ml / 1 çay kaşığı susam yağı

2,5 ml / ¬Ω çay kaşığı biber sosu

2,5 ml / ¬Ω çay kaşığı şarap sirkesi

2,5 ml / ¬Ω çay kaşığı salça (salça)

Deniz taraklarını zencefil, havuç ve sarımsakla karıştırın ve beklemeye bırakın. Un, kabartma tozu, 15 ml/1 yemek kaşığı sıvı yağ ve suyu macun haline getirin ve muz dilimlerini bununla kaplayın. Yağı ısıtın ve muzları kızarana kadar kızartın, ardından süzün ve sıcak plaka üzerine yerleştirin. Bu sırada brokolileri kaynayan tuzlu suda yumuşayana kadar haşlayın, süzün. Yağın geri kalanını susam yağı ile ısıtın ve brokolileri kısaca kızartın, ardından muzlarla birlikte tabağın etrafına yayın. Biber sosu, sirke ve salçayı tavaya ekleyin ve deniz taraklarını pişene kadar kızartın. Bir tabağa koyun ve hemen servis yapın.

Zencefilli deniz tarağı

4 kişilik

45 ml / 3 yemek kaşığı fıstık (yer fıstığı) yağı

2,5 ml / ½ çay kaşığı tuz

3 dilim kıyılmış zencefil kökü

2 baş kırmızı soğan (kase), daha kalın dilimlenmiş

450 g / 1 lb kabuksuz deniz tarağı, ikiye bölünmüş

15 ml / 1 yemek kaşığı mısır unu (mısır nişastası)

60 ml / 4 yemek kaşığı su

Yağı ısıtın ve tuzu ve zencefili 30 saniye kızartın. Frenk soğanı ekleyin ve açık kahverengi olana kadar kızartın. Deniz taraklarını ekleyin ve 3 dakika kızartın. Mısır unu ve suyu macun haline getirin, tavaya ekleyin ve koyulaşana kadar karıştırarak kısık ateşte pişirin. Hemen servis yapın.

Jambonlu deniz tarağı

4 kişilik

450 g / 1 lb kabuksuz deniz tarağı, ikiye bölünmüş

250 ml / 1 su bardağı pirinç şarabı veya sek şeri

1 soğan ince kıyılmış

2 dilim kıyılmış zencefil kökü

2,5 ml / ¬Ω çay kaşığı tuz

100 gr tütsülenmiş jambon, doğranmış

Deniz taraklarını bir kaseye koyun ve şarap veya şeri ekleyin. Örtün ve ara sıra çevirerek 30 dakika marine edin, ardından tarakları boşaltın ve turşuyu atın. Tarakları diğer malzemelerle birlikte bir fırın tepsisine yerleştirin. Tabağı buharlı pişiricideki rafa yerleştirin, üzerini örtün ve taraklar yumuşayana kadar yaklaşık 6 dakika kaynar suda buharlayın.

Tarak ve otlar ile omlet

4 kişilik

225 gr kabuksuz deniz tarağı

30 ml / 2 yemek kaşığı kıyılmış taze kişniş

4 çırpılmış yumurta

15 ml / 1 yemek kaşığı pirinç şarabı veya sek şeri

tuz ve taze çekilmiş karabiber

15 ml / 1 yemek kaşığı fıstık yağı

Deniz taraklarını bir buharlı pişiriciye koyun ve boyutuna bağlı olarak tamamen pişene kadar yaklaşık 3 dakika buharda pişirin. Buharlı pişiriciden çıkarın ve kişniş serpin. Yumurtaları şarap veya şeri ile çırpın ve tuz ve karabiber ekleyin. Tarak ve kişniş ekleyin. Yağı ısıtın ve yumurta ve tarak karışımını yumurta donana kadar sürekli karıştırarak kızartın. Hemen servis yapın.

Deniz tarağı ve kızarmış soğan

4 kişilik

45 ml / 3 yemek kaşığı fıstık (yer fıstığı) yağı

1 dilim soğan

450g dörde bölünmüş deniz tarağı

tuz ve taze çekilmiş karabiber

15 ml / 1 yemek kaşığı pirinç şarabı veya sek şeri

Yağı ısıtın ve soğanı solana kadar kızartın. Deniz taraklarını ekleyin ve açık kahverengi olana kadar kızartın. Tuz ve karabiber ekleyin, şarap veya şeri ile gezdirin ve hemen servis yapın.

sebzeli deniz tarağı

4'6 için

4 adet kuru Çin mantarı

2 soğan

30 ml / 2 yemek kaşığı fıstık yağı

3 kereviz sapı, çapraz olarak kesilmiş

225 gr çapraz dilimlenmiş yeşil fasulye

10 ml / 2 çay kaşığı rendelenmiş zencefil kökü

1 diş ezilmiş sarımsak

20 ml / 4 çay kaşığı mısır unu (mısır nişastası)

250 ml / 8 fl oz / 1 su bardağı tavuk suyu

30 ml / 2 yemek kaşığı pirinç şarabı veya kuru şeri

30 ml / 2 yemek kaşığı soya sosu

450g dörde bölünmüş deniz tarağı

6 frenk soğanı (soğan), dilimler halinde kesin

425 gr / 15 oz koçan konserve mısır

Mantarları 30 dakika ılık suda bekletin, sonra süzün. Sapları atın ve üstleri kesin. Soğanı dilimler halinde kesin ve katmanları ayırın. Yağı ısıtın ve soğanı, kerevizi, fasulyeyi, zencefili ve sarımsağı 3 dakika kızartın. Mısır unu ile biraz et suyunu karıştırın, ardından kalan et suyu, şarap veya şeri ve soya sosu ile karıştırın. Wok'a ekleyin ve karıştırarak kaynatın. Mantar, deniz tarağı, soğan ve mısır ekleyin ve taraklar yumuşayana kadar yaklaşık 5 dakika kızartın.

Kırmızı biberli deniz tarağı

4 kişilik

30 ml / 2 yemek kaşığı fıstık yağı

3 frenk soğanı (soğan), doğranmış

1 diş ezilmiş sarımsak

2 dilim kıyılmış zencefil kökü

2 kırmızı biber, doğranmış

450 gr / 1 pound kabuklu deniz tarağı

30 ml / 2 yemek kaşığı pirinç şarabı veya kuru şeri

15 ml / 1 yemek kaşığı soya sosu

15 ml / 1 yemek kaşığı sarı fasulye sosu

5 ml / 1 çay kaşığı şeker

5 ml / 1 çay kaşığı susam yağı

Yağı ısıtın ve frenk soğanı, sarımsak ve zencefili 30 saniye kızartın. Biber ekleyin ve 1 dakika kızartın. Deniz tarağı ekleyin ve 30 saniye pişirin, ardından kalan suyu ekleyin ve tarak yumuşayana kadar yaklaşık 3 dakika pişirin.

Fasulye filizi ile kalamar

4 kişilik

450 gr kalamar

30 ml / 2 yemek kaşığı fıstık yağı

15 ml / 1 yemek kaşığı pirinç şarabı veya sek şeri

100 gr fasulye filizi

15 ml / 1 yemek kaşığı soya sosu

tuz

1 kırmızı biber, rendelenmiş

2 dilim zencefil kökü, rendelenmiş

2 frenk soğanı (soğan), rendelenmiş

Kalamarın kafasını, bağırsaklarını ve zarını çıkarın ve daha büyük parçalar halinde kesin. Her parçada çapraz bir desen kesin. Suyu kaynatın, kalamar ekleyin ve parçalar yuvarlanana kadar kısık ateşte pişirin, çıkarın ve süzün. Yağın yarısını ısıtın ve kalamarları hızlıca kızartın. Şarap veya şeri serpin. Bu sırada kalan yağı ısıtın ve fasulye filizlerini yumuşayana kadar kızartın. Soya sosu ve tuzla tatlandırın. Biberleri, zencefili ve frenk soğanı servis tabağına dizin. Ortasına fasulye filizlerini dizin ve üzerine kalamarları yerleştirin. Hemen servis yapın.

kızarmış kalamar

4 kişilik

50 g / 2 oz çok amaçlı un

25 gr / 1 ons / ¬° fincan mısır nişastası (mısır nişastası)

2,5 ml / ¬Ω çay kaşığı kabartma tozu

2,5 ml / ¬Ω çay kaşığı tuz

1 yumurta

75 ml / 5 yemek kaşığı su

15 ml / 1 yemek kaşığı fıstık yağı

450 gr kalamar, halkalar halinde kesilmiş

kızartmalık yağ

Un, mısır nişastası, maya, tuz, yumurta, su ve yağı hamura karıştırın. Kalamarı iyice kaplanana kadar hamura batırın. Yağı ısıtın ve kalamarları altın rengi olana kadar parça parça kızartın. Servis yapmadan önce mutfak kağıdına boşaltın.

kalamar paketleri

4 kişilik

8 adet kurutulmuş Çin mantarı
450 gr kalamar
100g/4oz tütsülenmiş jambon
100 gr / 4 ons tofu
1 çırpılmış yumurta
15 ml / 1 yemek kaşığı çok amaçlı un
2,5 ml / ½ çay kaşığı şeker
2,5 ml / ½ çay kaşığı susam yağı
tuz ve taze çekilmiş karabiber
8 wonton görünümü
kızartmalık yağ

Mantarları 30 dakika ılık suda bekletin, sonra süzün. Sapları atın. Kalamarı kesin ve 8 parçaya bölün. Jambonu ve tofuyu 8 parçaya bölün. Hepsini bir kaseye koyun. Yumurtayı un, şeker, susam yağı, tuz ve karabiberle karıştırın. Malzemeleri bir kaseye dökün ve hafifçe karıştırın. Mantar kapağını ve kalamar, jambon ve tofu parçalarını her wonton kabuğunun tam ortasına yerleştirin. Alt köşeyi katlayın, yana doğru katlayın ve yuvarlayın, kenarlarını su ile ıslatarak kapatın. Yağı ısıtın ve parçaları kızarana kadar yaklaşık 8 dakika kızartın. Servis yapmadan önce iyice süzün.

kızarmış kalamar ruloları

4 kişilik

45 ml / 3 yemek kaşığı fıstık (yer fıstığı) yağı

225 gr kalamar halkaları

1 büyük yeşil biber, parçalar halinde kesilmiş

100 gr / 4 ons bambu filizi, dilimlenmiş

2 baş kırmızı soğan (kap), ince kıyılmış

1 dilim zencefil kökü, ince kıyılmış

45 ml / 2 yemek kaşığı soya sosu

30 ml / 2 yemek kaşığı pirinç şarabı veya kuru şeri

15 ml / 1 yemek kaşığı mısır unu (mısır nişastası)

15 ml / 1 yemek kaşığı balık suyu veya su

5 ml / 1 çay kaşığı şeker

5 ml / 1 çay kaşığı şarap sirkesi

5 ml / 1 çay kaşığı susam yağı

tuz ve taze çekilmiş karabiber

15 ml / 1 çorba kaşığı yağı ısıtın ve kalamarları iyice kapanana kadar hızlıca kızartın. Bu süre zarfında kalan yağı ayrı bir tavada ısıtın ve biberleri, bambu filizlerini, soğanları ve zencefili 2 dakika kavurun. Kalamar ekleyin ve 1 dakika kızartın. Soya sosu, şarap veya şeri, mısır ezmesi, et suyu, şeker, sirke ve susam yağı ekleyin ve tuz ve karabiber ekleyin. Sos temizlenene ve kalınlaşana kadar kızartın.

Kızarmış kalamar

4 kişilik

45 ml / 3 yemek kaşığı fıstık (yer fıstığı) yağı

3 taze soğan (kase), kalın dilimlenmiş

2 dilim kıyılmış zencefil kökü

450 gr kalamar, parçalar halinde kesilmiş

15 ml / 1 yemek kaşığı soya sosu

15 ml / 1 yemek kaşığı pirinç şarabı veya sek şeri

5 ml / 1 tatlı kaşığı mısır unu (mısır nişastası)

15 ml / 1 yemek kaşığı su

Yağı ısıtın ve frenk soğanı ve zencefili yumuşayana kadar kızartın. Kalamarı ekleyin ve yağla kaplanana kadar kızartın. Soya sosu ve şarap veya şeri ekleyin, üzerini kapatın ve 2 dakika pişirin. Mısır unu ve suyu macun kıvamına gelene kadar karıştırın, tavaya ekleyin ve kısık ateşte sos koyulaşana ve kalamar yumuşayana kadar karıştırarak pişirin.

Kurutulmuş mantarlı kalamar

4 kişilik

50 gr kurutulmuş Çin mantarı

450 gr kalamar halkaları

45 ml / 3 yemek kaşığı fıstık (yer fıstığı) yağı

45 ml / 3 yemek kaşığı soya sosu

2 baş kırmızı soğan (kap), ince kıyılmış

1 dilim zencefil kökü, doğranmış

225 gr bambu filizi, şeritler halinde kesilmiş

30 ml / 2 yemek kaşığı mısır unu (mısır nişastası)

150 ml / ¬° pt / cömert ¬Ω bardak balık suyu

Mantarları 30 dakika ılık suda bekletin, sonra süzün. Sapları atın ve üstleri kesin. Kalamarı birkaç saniye kaynar suda haşlayın. Yağı ısıtın, mantarları, soya sosu, arpacık soğanı ve zencefili ekleyin ve 2 dakika kızartın. Kalamar ve bambu filizlerini ekleyip 2 dakika kavurun. Mısır gevreği ve çorbayı karıştırıp tavada karıştırın. Sos hafifleyene ve kalınlaşana kadar karıştırarak kısık ateşte pişirin.

sebzeli kalamar

4 kişilik

45 ml / 3 yemek kaşığı fıstık (yer fıstığı) yağı

1 dilim soğan

5 ml / 1 çay kaşığı tuz

450 gr kalamar, parçalar halinde kesilmiş

100 gr / 4 ons bambu filizi, dilimlenmiş

2 kereviz sapı, çapraz olarak kesilmiş

60 ml / 4 yemek kaşığı tavuk suyu

5 ml / 1 çay kaşığı şeker

100 gr / 4 oz şeker bezelye

5 ml / 1 tatlı kaşığı mısır unu (mısır nişastası)

15 ml / 1 yemek kaşığı su

Yağı ısıtın ve soğanı ve tuzu hafifçe kızarana kadar kızartın. Kalamar ekleyin ve yağda yıkanana kadar kızartın. Bambu filizlerini ve kerevizi ekleyip 3 dakika kavurun. Et suyunu ve şekeri ekleyin, kaynatın, üzerini kapatın ve sebzeler yumuşayana kadar 3 dakika pişirin. Lahana ekleyin. Mısır unu ve suyu macun haline getirin, tavaya alın ve karıştırarak sos koyulaşana kadar pişirin.

Anason ile haşlanmış et

4 kişilik

30 ml / 2 yemek kaşığı fıstık yağı

450 gr / 1 lb bonfile

1 diş ezilmiş sarımsak

45 ml / 3 yemek kaşığı soya sosu

15 ml / 1 yemek kaşığı su

15 ml / 1 yemek kaşığı pirinç şarabı veya sek şeri

5 ml / 1 çay kaşığı tuz

5 ml / 1 çay kaşığı şeker

2 diş anason

Yağı ısıtın ve eti her tarafı kahverengi olana kadar kızartın. Diğer malzemeleri ekleyin, kaynatın, üzerini kapatın ve yaklaşık 45 dakika pişirin, ardından eti ters çevirin, biraz daha su ve et kuruyorsa soya sosu ekleyin. Et yumuşayana kadar 45 dakika daha pişirin. Servis yapmadan önce yıldız anasonu atın.

kuşkonmazlı dana eti

4 kişilik

450 gr / 1 pound fileto mignon, doğranmış
30 ml / 2 yemek kaşığı soya sosu
30 ml / 2 yemek kaşığı pirinç şarabı veya kuru şeri
45 ml / 3 yemek kaşığı mısır unu (mısır nişastası)
45 ml / 3 yemek kaşığı fıstık (yer fıstığı) yağı
5 ml / 1 çay kaşığı tuz
1 diş ezilmiş sarımsak
350 gr / 12 ons kuşkonmaz
120 ml / 4 fl oz / ¬Ω bardak tavuk suyu
15 ml / 1 yemek kaşığı soya sosu

Bifteği bir kaseye koyun. Soya sosu, şarap veya şeri ve 30 ml/2 yemek kaşığı mısır ezmesini karıştırın, filetonun üzerine dökün ve iyice karıştırın. 30 dakika marine etmeye bırakın. Yağı tuz ve sarımsakla ısıtın ve sarımsak hafifçe kızarana kadar kızartın. Et ve marineyi ekleyip 4 dakika kavurun. Kuşkonmaz ekleyin ve 2 dakika hafifçe kızartın. Et suyu ve soya sosu ekleyin, kaynatın ve et pişene kadar 3 dakika karıştırarak pişirin. Mısır ezmesinin geri kalanını biraz daha su veya et suyu ile karıştırın ve sosa karıştırın. Kısık ateşte karıştırarak sos hafifleyip koyulaşana kadar birkaç dakika pişirin.

Bambu filizli et

4 kişilik

45 ml / 3 yemek kaşığı fıstık (yer fıstığı) yağı
1 diş ezilmiş sarımsak
1 frenk soğanı (soğan), doğranmış
1 dilim zencefil kökü, doğranmış
225 gr / 8 ons yağsız sığır eti, şeritler halinde kesilmiş
100g / 4oz bambu filizleri
45 ml / 3 yemek kaşığı soya sosu
15 ml / 1 yemek kaşığı pirinç şarabı veya sek şeri
5 ml / 1 tatlı kaşığı mısır unu (mısır nişastası)

Yağı ısıtın ve sarımsak, frenk soğanı ve zencefili açık kahverengi olana kadar kızartın. Eti ekleyin ve hafifçe kızarana kadar 4 dakika kızartın. Bambu filizlerini ekleyin ve 3 dakika kızartın. Soya sosu, şarap veya şeri ve mısır nişastasını ekleyin ve 4 dakika kızartın.

Bambu filizleri ve mantarlı et

4 kişilik

225 gr / 8 ons yağsız et

45 ml / 3 yemek kaşığı fıstık (yer fıstığı) yağı

1 dilim zencefil kökü, doğranmış

100 gr / 4 ons bambu filizi, dilimlenmiş

100g / 4oz mantar, dilimlenmiş

45 ml / 3 yemek kaşığı pirinç şarabı veya sek şeri

5 ml / 1 çay kaşığı şeker

10 ml / 2 çay kaşığı soya sosu

tuz ve biber

120 ml / 4 fl oz / ¬Ω bardak et suyu

15 ml / 1 yemek kaşığı mısır unu (mısır nişastası)

30 ml / 2 yemek kaşığı su

Eti taneye karşı ince dilimler halinde kesin. Yağı ısıtın ve zencefili birkaç saniye kızartın. Eti ekleyin ve kızarana kadar kızartın. Bambu filizlerini ve mantarları ekleyip 1 dakika kavurun. Şarap veya şeri, şeker ve soya sosu ekleyin ve tuz ve karabiber ekleyin. Et suyunu ekleyin, kaynatın, üzerini kapatın ve 3 dakika pişirin. Mısır unu ve suyu karıştırıp tencereye alın ve karıştırarak sos koyulaşana kadar pişirin.

Çin rosto sığır eti

4 kişilik

45 ml / 3 yemek kaşığı fıstık (yer fıstığı) yağı

900g/2lb rosto biftek

1 frenk soğanı (soğan), dilimlenmiş

1 diş kıyılmış sarımsak

1 dilim zencefil kökü, doğranmış

60 ml / 4 yemek kaşığı soya sosu

30 ml / 2 yemek kaşığı pirinç şarabı veya kuru şeri

5 ml / 1 çay kaşığı şeker

5 ml / 1 çay kaşığı tuz

bir tutam biber

750 ml / 1. nokta / 3 su bardağı kaynar su

Yağı ısıtın ve eti her taraftan hızlıca kızartın. Frenk soğanı, sarımsak, zencefil, soya sosu, şarap veya şeri, şeker, tuz ve karabiber ekleyin. Kaynatın, karıştırın. Kaynar su ekleyin, tekrar kaynatın, karıştırın, üzerini kapatın ve et yumuşayana kadar yaklaşık 2 saat pişirin.

Fasulye filizi eti

4 kişilik

450 gr / 1 lb yağsız dana eti, dilimlenmiş

1 yumurta akı

30 ml / 2 yemek kaşığı fıstık yağı

15 ml / 1 yemek kaşığı mısır unu (mısır nişastası)

15 ml / 1 yemek kaşığı soya sosu

100 gr fasulye filizi

25 gr lahana turşusu, doğranmış

1 kırmızı biber, rendelenmiş

2 frenk soğanı (soğan), rendelenmiş

2 dilim zencefil kökü, rendelenmiş

tuz

5 ml / 1 çay kaşığı istiridye sosu

5 ml / 1 çay kaşığı susam yağı

Eti yumurta akı, yağın yarısı, mısır nişastası ve soya sosu ile karıştırıp 30 dakika bekletin. Fasulye filizlerini kaynar suda yaklaşık 8 dakika yumuşayana kadar haşlayın, ardından durulayın. Kalan yağı ısıtın ve eti hafifçe kızarana kadar kızartın, tavadan çıkarın. Lahana turşusu, pul biber, zencefil, tuz, istiridye sosu ve susam yağını ekleyip 2 dakika kavurun. Fasulye filizlerini ekleyin ve 2 dakika kızartın. Eti tekrar tavaya koyun ve iyice birleşip ısınana kadar kızartın. Hemen servis yapın.

Brokolili biftek

4 kişilik

450 gr / 1 pound fileto mignon, ince dilimlenmiş
30 ml / 2 yemek kaşığı mısır unu (mısır nişastası)
15 ml / 1 yemek kaşığı pirinç şarabı veya sek şeri
15 ml / 1 yemek kaşığı soya sosu
30 ml / 2 yemek kaşığı fıstık yağı
5 ml / 1 çay kaşığı tuz
1 diş ezilmiş sarımsak
225 gr brokoli
150 ml / ¬° pt / cömert ¬Ω bardak et suyu

Bifteği bir kaseye koyun. 15 ml / 1 çorba kaşığı mısır ezmesini şarap veya şeri ve soya sosu ile karıştırın, eti ekleyin ve 30 dakika marine etmeye bırakın. Yağı tuz ve sarımsakla ısıtın ve sarımsak hafifçe kızarana kadar kızartın. Biftek ve marineyi ekleyin ve 4 dakika kızartın. Brokoli ekleyin ve 3 dakika kızartın. Et suyunu ekleyin, kaynatın, üzerini kapatın ve brokoli yumuşayana ancak yine de çıtır çıtır olana kadar 5 dakika pişirin. Kalan mısır irmiklerini biraz suyla karıştırın ve sosun içine karıştırın. Sos hafif ve kalın olana kadar karıştırarak kısık ateşte pişirin.

Susam ve brokoli ile et

4 kişilik
150g/5oz yağsız sığır eti, ince dilimlenmiş

2,5 ml / ½ çay kaşığı istiridye sosu

5 ml / 1 tatlı kaşığı mısır unu (mısır nişastası)

5 ml / 1 çay kaşığı beyaz şarap sirkesi

60 ml / 4 yemek kaşığı fıstık yağı

100 gr brokoli

5 ml / 1 çay kaşığı balık sosu

2,5 ml / ½ çay kaşığı soya sosu

250 ml / 8 fl oz / 1 su bardağı et suyu

30 ml / 2 yemek kaşığı susam

Eti istiridye sosu, 2,5 ml/½ çay kaşığı mısır unu, 2,5 ml/½ çay kaşığı şarap sirkesi ve 15 ml/1 çay kaşığı sıvı yağ ile 1 saat marine edin.

Bu sırada 15 ml/1 çorba kaşığı yağı ısıtın, brokoli, 2,5 ml/½ çay kaşığı balık sosu, soya sosu ve kalan sirkeyi ekleyin ve üzerini kaynar su ile kapatın. Yumuşak olana kadar yaklaşık 10 dakika kısık ateşte pişirin.

Ayrı bir tavada 30 ml / 2 yemek kaşığı yağı ısıtın ve eti altın rengi olana kadar kısaca kızartın. Et suyunu, mısır ununun geri kalanını ve balık sosunu ekleyin, kaynatın, üzerini kapatın ve et yumuşayana kadar yaklaşık 10 dakika pişirin. Brokoliyi süzün ve ocağa alın. Eti üstüne koyun ve bolca susam serpin.

Dana rosto

4 kişilik

450 gr / 1 pound yağsız biftek, dilimlenmiş

60 ml / 4 yemek kaşığı soya sosu

2 diş sarımsak, doğranmış

5 ml / 1 çay kaşığı tuz

2,5 ml / ¬Ω çay kaşığı taze çekilmiş biber

10 ml / 2 çay kaşığı şeker

Tüm malzemeleri karıştırın ve 3 saat hafifçe pişmesine izin verin. Her iki tarafta yaklaşık 5 dakika ısıtılmış bir ızgarada kızartın veya kızartın (pişirin).

Kanton sığır eti

4 kişilik

30 ml / 2 yemek kaşığı mısır unu (mısır nişastası)
2 çırpılmış yumurta akı
450 gr / 1 pound sığır eti, şeritler halinde kesilmiş
kızartmalık yağ
4 sap kereviz, dilimler halinde kesilmiş
2 dilimlenmiş soğan
60 ml / 4 yemek kaşığı su
20 ml / 4 çay kaşığı tuz
75 ml / 5 yemek kaşığı soya sosu
60 ml / 4 yemek kaşığı pirinç şarabı veya sek şeri
30 ml / 2 yemek kaşığı şeker
taze kara biber

Mısır nişastasının yarısını yumurta beyazı karı ile karıştırın. Biftek ekleyin ve eti hamurla kaplamak için karıştırın. Yağı ısıtın ve bifteği kızarana kadar kızartın. Kaseden çıkarın ve mutfak kağıdının üzerine boşaltın. 15 ml / 1 yemek kaşığı yağı ısıtıp kereviz ve soğanı 3 dakika kavurun. Et, su, tuz, soya sosu, şarap veya şeri ve şeker ekleyin ve biberle baharatlayın. Kaynatın ve sos koyulaşana kadar karıştırarak pişirin.

havuçlu dana eti

4 kişilik

30 ml / 2 yemek kaşığı fıstık yağı
450 gr / 1 lb yağsız dana eti, doğranmış
2 frenk soğanı (soğan), dilimlenmiş
2 diş sarımsak, doğranmış
1 dilim zencefil kökü, doğranmış
250 ml / 8 fl oz / 1 su bardağı soya sosu
30 ml / 2 yemek kaşığı pirinç şarabı veya kuru şeri
30 ml / 2 yemek kaşığı esmer şeker
5 ml / 1 çay kaşığı tuz
600 ml / 1 puan / 2 Ω su bardağı
4 havuç, çapraz olarak kesilmiş

Yağı ısıtın ve eti hafifçe kızarana kadar kızartın. Fazla yağı boşaltın ve frenk soğanı, sarımsak, zencefil ekleyin ve anasonu 2 dakika soteleyin. Soya sosu, şarap veya şeri, şeker ve tuzu ekleyin ve iyice karıştırın. Su ekleyin, kaynatın, örtün ve 1 saat pişirin. Havuç ekleyin, örtün ve 30 dakika daha pişirin. Kapağı çıkarın ve sos azalana kadar pişirin.

kaju etli

4 kişilik

60 ml / 4 yemek kaşığı fıstık yağı

450 gr / 1 pound fileto mignon, ince dilimlenmiş

8 frenk soğanı (yeşil soğan), parçalar halinde kesilmiş

2 diş sarımsak, doğranmış

1 dilim zencefil kökü, doğranmış

75 gr / 3 oz / ¬œ su bardağı kavrulmuş kaju fıstığı

120 ml / 4 fl oz / ¬Ω bardak su

20 ml / 4 çay kaşığı mısır unu (mısır nişastası)

20 ml / 4 çay kaşığı soya sosu

5 ml / 1 çay kaşığı susam yağı

5 ml / 1 çay kaşığı istiridye sosu

5 ml / 1 çay kaşığı acı sos

Yağın yarısını ısıtın ve eti hafifçe kızarana kadar kızartın. Buzdolabından çıkarın. Kalan yağı ısıtın ve frenk soğanı, sarımsak, zencefil ve kaju fıstığını 1 dakika kızartın. Eti tavaya geri koyun. Gerisini karıştırın ve karışımı tavaya karıştırın. Kaynamaya bırakın ve karışım koyulaşana kadar karıştırarak pişirin.

Yavaş pişirme için et güveç

4 kişilik

30 ml / 2 yemek kaşığı fıstık yağı

450 gr / 1 lb pişmiş dana eti, doğranmış

3 dilim kıyılmış zencefil kökü

3 dilimlenmiş havuç

1 adet küp şeklinde doğranmış pancar

15 ml/1 yemek kaşığı çekirdeksiz siyah hurma

15 ml / 1 yemek kaşığı nilüfer tohumu

30 ml / 2 yemek kaşığı salça (salça)

10 ml / 2 yemek kaşığı tuz

900 ml / 1¬Ω puan / 3¬œ su bardağı et suyu

250 ml / 1 su bardağı pirinç şarabı veya sek şeri

Yağı büyük bir tavada veya yapışmaz bir tavada ısıtın ve etin her tarafı altın rengi kahverengi olana kadar kızartın.

karnabaharlı et

4 kişilik

225 gr karnabahar çiçeği

kızartmalık yağ

225 gr dana eti, şeritler halinde kesilmiş

50 gr bambu filizi, şeritler halinde kesilmiş
10 adet şeritler halinde kesilmiş su kestanesi
120 ml / 4 fl oz / ½ bardak tavuk suyu
15 ml / 1 yemek kaşığı soya sosu
15 ml / 1 yemek kaşığı istiridye sosu
15 ml / 1 yemek kaşığı salça (salça)
15 ml / 1 yemek kaşığı mısır unu (mısır nişastası)
2,5 ml / ½ çay kaşığı susam yağı

Karnabaharı kaynar suda 2 dakika haşlayıp süzün. Yağı ısıtın ve karnabaharı hafifçe kızarana kadar kızartın. Mutfak kağıdına çıkarın ve boşaltın. Yağı tekrar ısıtın ve eti hafifçe kızarana kadar kızartın, çıkarın ve süzün. 15 ml/1 çay kaşığı hariç hepsini yağa dökün ve bambu filizlerini ve su kestanelerini 2 dakika kızartın. Kalanını ekleyin, kaynatın ve sos koyulaşana kadar karıştırarak pişirin. Eti ve karnabaharı tekrar tencereye alın ve hafifçe ısıtın. Hemen servis yapın.

kerevizli dana eti

4 kişilik

100 gr kereviz şeritler halinde kesilmiş
45 ml / 3 yemek kaşığı fıstık (yer fıstığı) yağı
2 frenk soğanı (soğan), doğranmış
1 dilim zencefil kökü, doğranmış

225 gr / 8 ons yağsız sığır eti, şeritler halinde kesilmiş

30 ml / 2 yemek kaşığı soya sosu

30 ml / 2 yemek kaşığı pirinç şarabı veya kuru şeri

2,5 ml / ¬Ω çay kaşığı şeker

2,5 ml / ¬Ω çay kaşığı tuz

Kerevizi kaynar suda 1 dakika haşlayın, ardından iyice durulayın. Yağı ısıtın ve soğanı ve zencefili hafifçe kızarana kadar kızartın. Eti ekleyin ve 4 dakika kızartın. Kereviz ekleyin ve 2 dakika kızartın. Soya sosu, şarap veya şeri, şeker ve tuzu ekleyin ve 3 dakika kızartın.

kereviz ile kızarmış et dilimleri

4 kişilik

30 ml / 2 yemek kaşığı fıstık yağı

450 gr / 1 lb yağsız dana eti, dilimlenmiş

3 kereviz sapı, doğranmış

1 soğan, rendelenmiş

1 frenk soğanı (soğan), dilimlenmiş

1 dilim zencefil kökü, doğranmış

30 ml / 2 yemek kaşığı soya sosu

15 ml / 1 yemek kaşığı pirinç şarabı veya sek şeri

2,5 ml / ½ çay kaşığı şeker

2,5 ml / ½ çay kaşığı tuz

10 ml / 2 çay kaşığı mısır unu (mısır nişastası)

30 ml / 2 yemek kaşığı su

Yağın yarısını çok kızana kadar ısıtın ve eti altın rengi kahverengi olana kadar 1 dakika kızartın. Buzdolabından çıkarın. Kalan yağı ısıtın ve kereviz, soğan, frenk soğanı ve zencefili yumuşayana kadar kızartın. Eti soya sosu, şarap veya şeri, şeker ve tuz ile tavaya geri koyun, kaynatın ve tamamen ısınana kadar kızartın. Mısır unu ve suyu karıştırıp tavada karıştırarak sos koyulaşana kadar pişirin. Hemen servis yapın.

Tavuk ve kereviz ile rendelenmiş dana eti

4 kişilik

4 adet kuru Çin mantarı

45 ml / 3 yemek kaşığı fıstık (yer fıstığı) yağı

2 diş sarımsak, doğranmış

1 zencefil kökü, dilimlenmiş, doğranmış

5 ml / 1 çay kaşığı tuz

100g/4oz yağsız sığır eti, şeritler halinde kesilmiş

100 gr / 4 ons tavuk, şeritler halinde kesilmiş

2 havuç, şeritler halinde kesilmiş

2 sap kereviz, şeritler halinde kesilmiş
4 frenk soğanı (yeşil soğan), şeritler halinde kesilmiş
5 ml / 1 çay kaşığı şeker
5 ml / 1 çay kaşığı soya sosu
5 ml / 1 çay kaşığı pirinç şarabı veya kuru şeri
45 ml / 3 yemek kaşığı su
5 ml / 1 tatlı kaşığı mısır unu (mısır nişastası)

Mantarları 30 dakika ılık suda bekletin, sonra süzün. Sapları atın ve üstleri doğrayın. Yağı ısıtın ve hafifçe kızarana kadar sarımsak, zencefil ve tuzu kızartın. Et ve tavuğu ekleyin ve kızarana kadar kızartın. Kereviz, frenk soğanı, şeker, soya sosu, şarap veya şeri ve su ekleyin ve kaynatın. Etler yumuşayıncaya kadar yaklaşık 15 dakika üzerini kapatın ve pişirin. Mısır ununu biraz suyla karıştırın, sosla karıştırın ve sos koyulaşana kadar karıştırarak pişirin.

Şili ile sığır eti

4 kişilik

450 g / 1 pound fileto mignon, şeritler halinde kesilmiş
45 ml / 3 yemek kaşığı soya sosu
15 ml / 1 yemek kaşığı pirinç şarabı veya sek şeri
15 ml / 1 yemek kaşığı esmer şeker
15 ml / 1 yemek kaşığı ince kıyılmış zencefil kökü
30 ml / 2 yemek kaşığı fıstık yağı
50 gr bambu filizi, çubuk şeklinde kesilmiş
1 soğan şeritler halinde kesilmiş
1 kibrit çöpü şeklinde doğranmış kereviz sapı
2 kırmızı biber, çekirdekleri çıkarılmış ve şeritler halinde kesilmiş
120 ml / 4 fl oz / ¬Ω bardak tavuk suyu
15 ml / 1 yemek kaşığı mısır unu (mısır nişastası)

Bifteği bir kaseye koyun. Soya sosu, şarap veya şeri, şeker ve zencefili karıştırın ve bifteğe karıştırın. 1 saat marine etmeye bırakın. Biftekleri marinattan çıkarın. Yağın yarısını ısıtın ve bambu filizlerini, soğanı, kerevizi ve biberi 3 dakika kavurun ve tavadan alın. Kalan yağı ısıtın ve şnitzelleri 3 dakika kızartın. Marinayı ekleyin, kaynatın ve haşlanmış sebzeleri ekleyin. 2 dakika karıştırarak kısık ateşte pişirin. Çorbayı ve mısır ununu karıştırıp tavaya ekleyin. Kaynatın ve sos hafifleyip koyulaşana kadar karıştırarak pişirin.

Çin lahanası ile et

4 kişilik

225 gr / 8 ons yağsız et
30 ml / 2 yemek kaşığı fıstık yağı
350 gr Çin lahanası, doğranmış
120 ml / 4 fl oz / ¬Ω bardak et suyu
tuz ve taze çekilmiş karabiber
10 ml / 2 çay kaşığı mısır unu (mısır nişastası)
30 ml / 2 yemek kaşığı su

Eti taneye karşı ince dilimler halinde kesin. Yağı ısıtın ve eti kızarana kadar kızartın. Çin lahanasını ekleyin ve hafifçe yumuşayana kadar soteleyin. Et suyunu ekleyin, kaynatın ve tuz ve karabiber ekleyin. Örtün ve et yumuşayana kadar 4 dakika pişirin. Mısır unu ve suyu karıştırıp tencereye alın ve karıştırarak sos koyulaşana kadar pişirin.

Dana Suey

4 kişilik

3 sap kereviz, dilimler halinde kesilmiş

100 gr fasulye filizi

100 gr brokoli

60 ml / 4 yemek kaşığı fıstık yağı

3 frenk soğanı (soğan), doğranmış

2 diş sarımsak, doğranmış

1 dilim zencefil kökü, doğranmış

225 gr / 8 ons yağsız sığır eti, şeritler halinde kesilmiş

45 ml / 3 yemek kaşığı soya sosu

15 ml / 1 yemek kaşığı pirinç şarabı veya sek şeri

5 ml / 1 çay kaşığı tuz

2,5 ml / ¬Ω çay kaşığı şeker

taze kara biber

15 ml / 1 yemek kaşığı mısır unu (mısır nişastası)

Kereviz, fasulye ve brokoli filizlerini kaynar suda 2 dakika yıkayın, ardından durulayın ve kurulayın. 45 ml / 3 yemek kaşığı yağı ısıtın ve frenk soğanı, sarımsak ve zencefili kızarana kadar kızartın. Eti ekleyin ve 4 dakika kızartın. Buzdolabından çıkarın. Kalan yağı ısıtın ve sebzeleri 3 dakika kızartın. Et, soya sosu, şarap veya şeri, tuz, şeker ve biraz karabiber ekleyin ve 2 dakika kızartın. Mısır ununu bir miktar su ile karıştırarak tavaya alın ve karıştırarak sos hafifleyip koyulaşana kadar pişirin.

salatalıklı dana eti

4 kişilik

450 gr / 1 pound fileto mignon, ince dilimlenmiş
45 ml / 3 yemek kaşığı soya sosu
30 ml / 2 yemek kaşığı mısır unu (mısır nişastası)
60 ml / 4 yemek kaşığı fıstık yağı
2 salatalık, soyulmuş, tohumlanmış ve dilimlenmiş
60 ml / 4 yemek kaşığı tavuk suyu
30 ml / 2 yemek kaşığı pirinç şarabı veya kuru şeri
tuz ve taze çekilmiş karabiber

Bifteği bir kaseye koyun. Soya sosu ve mısır ezmesini karıştırın ve bifteği ekleyin. 30 dakika marine etmeye bırakın. Yağın yarısını ısıtın ve salatalıkları şeffaf hale gelinceye kadar 3 dakika kızartın, ardından tavadan çıkarın. Yağın geri kalanını ısıtın ve bifteği kızarana kadar kızartın. Salatalıkları ekleyin ve 2 dakika kızartın. Et suyu, şarap veya şeri ekleyin ve tuz ve karabiber ekleyin. Kaynatın, örtün ve 3 dakika pişirin.

Sığır Chow Mein

4 kişilik

750 gr / 1 ½ lb fileto mignon

2 soğan

45 ml / 3 yemek kaşığı soya sosu

45 ml / 3 yemek kaşığı pirinç şarabı veya sek şeri

15 ml / 1 yemek kaşığı fıstık ezmesi

5 ml / 1 çay kaşığı limon suyu

350 gr yumurtalı erişte

60 ml / 4 yemek kaşığı fıstık yağı

175 ml / 6 fl oz / ¾ fincan tavuk suyu

15 ml / 1 yemek kaşığı mısır unu (mısır nişastası)

30 ml / 2 yemek kaşığı istiridye sosu

4 frenk soğanı (soğan), doğranmış

3 sap kereviz, dilimler halinde kesilmiş

100g / 4oz mantar, dilimlenmiş

1 adet şeritler halinde kesilmiş yeşil biber

100 gr fasulye filizi

Etteki yağı kesin ve atın. İnce dilimler halinde çapraz olarak kesin. Soğanı dilimler halinde kesin ve katmanları ayırın. 15 ml / 1 yemek kaşığı soya sosunu 15 ml / 1 yemek kaşığı şarap veya şeri, fıstık ezmesi ve limon suyu ile karıştırın. Eti ekleyin, üzerini kapatın ve 1 saat dinlendirin. Erişteleri kaynar suda yaklaşık 5 dakika veya yumuşayana kadar pişirin. İyi kurutun. 15 ml / 1 çorba kaşığı yağı ısıtın, 15 ml / 1 çorba kaşığı soya sosu ve erişte ekleyin ve altın rengi olana kadar 2 dakika kızartın. Sıcak bir tabağa aktarın.

Kalan soya sosu ve şarap veya şeriyi et suyu, mısır unu ve istiridye sosuyla karıştırın. 15 ml / 1 çorba kaşığı yağı ısıtın ve soğanı 1 dakika kavurun. Kereviz, mantar, biber ve fasulye filizlerini ekleyip 2 dakika kavurun. Woktan çıkarın. Kalan yağı ısıtın ve eti kızarana kadar kızartın. Çorba karışımını ekleyin, kaynatın, üzerini kapatın ve 3 dakika pişirin. Sebzeleri wok'a geri koyun ve karıştırarak, tamamen ısınana kadar yaklaşık 4 dakika pişirin. Karışımı erişte üzerine dökün ve servis yapın.

salatalık filetosu

4 kişilik

450 gr / 1 pound fileto mignon

10 ml / 2 çay kaşığı mısır unu (mısır nişastası)

10 ml / 2 çay kaşığı tuz

2,5 ml / ¬Ω çay kaşığı taze çekilmiş biber

90 ml / 6 yemek kaşığı fıstık (yer fıstığı) yağı.

1 soğan ince kıyılmış

1 salatalık, soyulmuş ve dilimlenmiş

120 ml / 4 fl oz / ¬Ω bardak et suyu

Filetoyu şeritler halinde kesin ve ardından damarlara karşı ince dilimler halinde kesin. Bir kaseye alın ve mısır nişastası, tuz, karabiber ve yağın yarısını ekleyin. 30 dakika marine etmeye bırakın. Kalan yağı ısıtın ve eti ve soğanı hafifçe kızarana kadar kızartın. Salatalıkları ve suyu ekleyin, kaynatın, üzerini kapatın ve 5 dakika pişirin.

köri dana rosto

4 kişilik

45 ml / 3 yemek kaşığı tereyağı

15 ml / 1 yemek kaşığı toz köri

45 ml / 3 yemek kaşığı sade un (her amaca uygun)

375 ml / 13 fl oz / 1 Ω bardak süt

15 ml / 1 yemek kaşığı soya sosu

tuz ve taze çekilmiş karabiber

450 gr pişmiş sığır eti, öğütülmüş

100 gr / 4 ons bezelye

2 havuç, doğranmış

2 doğranmış soğan

225 gr uzun taneli pirinç, pişmiş, sıcak

1 haşlanmış yumurta (haşlanmış), dilimlenmiş

Tereyağını eritin, köri tozu ve unu ekleyin ve 1 dakika pişirin. Süt ve soya sosu ekleyin, kaynatın ve 2 dakika karıştırarak pişirin. Tuz ve karabiber ekleyin. Et, bezelye, havuç ve soğanı ekleyin ve sosla iyice karıştırın. Pirinci ekleyin, karışımı bir fırın tepsisine aktarın ve önceden ısıtılmış fırında 200°C / 400°F / gaz işareti 6'da sebzeler yumuşayana kadar 20 dakika pişirin. Haşlanmış yumurta dilimleri ile süsleyerek servis yapın.

Jambonlu ve kestaneli omlet

2 porsiyon

30 ml / 2 yemek kaşığı fıstık yağı

1 doğranmış soğan

1 diş ezilmiş sarımsak

50 gr kıyılmış jambon

50 gr / 2 ons su kestanesi, doğranmış

15 ml / 1 yemek kaşığı soya sosu

50g/2oz çedar peyniri

3 çırpılmış yumurta

Yağın yarısını ısıtın ve soğan, sarımsak, jambon, su kestanesi ve soya sosunu açık kahverengi olana kadar kızartın. Onları tavadan çıkarın. Kalan yağı ısıtın, yumurtaları ekleyin ve sertleşmeye başlayınca çiğ yumurtanın altına kayması için ortasına yumurtayı yerleştirin. Yumurta hazır olunca jambonlu karışım tortillanın yarısına dökülür, üzerine peynir konur ve tortillanın diğer yarısı karıştırılır. Örtün ve 2 dakika pişirin, ardından çevirin ve altın rengi olana kadar 2 dakika daha pişirin.

ıstakozlu omlet

4 kişilik

4 yumurta

tuz ve taze çekilmiş karabiber

30 ml / 2 yemek kaşığı fıstık yağı

3 frenk soğanı (soğan), doğranmış

100 gr / 4 ons ıstakoz eti, kıyılmış

Yumurtaları hafifçe çırpın ve tuz ve karabiber ekleyin. Yağı ısıtın ve taze soğanları 1 dakika kızartın. Istakoz ekleyin ve yağla kaplanana kadar fırlatın. Yumurtaları tavaya dökün ve tavayı eğin, böylece yumurta yüzeyi kaplar. Çiğ yumurtanın altına kayması için yumurtaları yerleştirirken tortillanın kenarlarını kaldırın. Bitene kadar pişirin, sonra ikiye bölün ve hemen servis yapın.

istiridye omleti

4 kişilik

4 yumurta
120 ml / 4 fl oz / ½ fincan süt
12 kabuklu istiridye
3 frenk soğanı (soğan), doğranmış
tuz ve taze çekilmiş karabiber
30 ml / 2 yemek kaşığı fıstık yağı
50 gr yağsız domuz eti, doğranmış
50 gr mantar, dilimlenmiş
50 gr bambu filizi, dilimler halinde kesilmiş

Yumurtaları süt, istiridye, frenk soğanı, tuz ve karabiberle birlikte hafifçe çırpın. Yağı ısıtın ve domuz eti hafifçe kızarana kadar kızartın. Mantarları ve bambu filizlerini ekleyip 2 dakika kavurun. Yumurta karışımını tavaya dökün ve çiğ yumurtanın altına damlaması için yumurtalar yerleştirilirken omletin kenarlarını kaldırarak pişirin. Bitene kadar pişirin, sonra ikiye katlayın, tortillayı ters çevirin ve diğer tarafı hafifçe kızarana kadar pişirin. Hemen servis yapın.

karidesli omlet

4 kişilik

4 yumurta
15 ml / 1 yemek kaşığı pirinç şarabı veya sek şeri
tuz ve taze çekilmiş karabiber
30 ml / 2 yemek kaşığı fıstık yağı
1 dilim zencefil kökü, doğranmış
225 gr soyulmuş karides

Yumurtaları şarap veya şeri ile hafifçe çırpın ve tuz ve karabiber ekleyin. Yağı ısıtın ve zencefili açık kahverengi olana kadar kızartın. Karides ekleyin ve yağ ile kaplanana kadar karıştırın. Yumurtaları tavaya dökün ve yumurta yüzeyi kaplayacak şekilde tavayı eğin. Çiğ yumurtanın altına kayması için yumurtaları yerleştirirken tortillanın kenarlarını kaldırın. Bitene kadar pişirin, sonra ikiye bölün ve hemen servis yapın.

taraklı omlet

4 kişilik

4 yumurta
5 ml / 1 çay kaşığı soya sosu
tuz ve taze çekilmiş karabiber
30 ml / 2 yemek kaşığı fıstık yağı
3 frenk soğanı (soğan), doğranmış
225 gr deniz tarağı, ikiye bölünmüş

Yumurtaları soya sosuyla hafifçe çırpın ve tuz ve karabiber ekleyin. Yağı ısıtın ve frenk soğanı açık kahverengi olana kadar kızartın. Deniz taraklarını ekleyin ve 3 dakika kızartın. Yumurtaları tavaya dökün ve tavayı eğin, böylece yumurta yüzeyi kaplar. Çiğ yumurtanın altına kayması için yumurtaları yerleştirirken tortillanın kenarlarını kaldırın. Bitene kadar pişirin, sonra ikiye bölün ve hemen servis yapın.

Tofu ile yumurtalı kek

4 kişilik

4 yumurta
tuz ve taze çekilmiş karabiber
30 ml / 2 yemek kaşığı fıstık yağı
225 gr / 8 ons tofu, doğranmış

Yumurtaları hafifçe çırpın ve tuz ve karabiber ekleyin. Yağı ısıtın, tofu ekleyin ve kızarana kadar kızartın. Yumurtaları tavaya dökün ve tavayı eğin, böylece yumurta yüzeyi kaplar. Çiğ yumurta altına gelecek şekilde yumurtaları yerleştirirken tortillanın kenarlarını kaldırın. Bitene kadar pişirin, sonra ikiye bölün ve hemen servis yapın.

Doldurulmuş domuz tortilla

4 kişilik

50 gr fasulye filizi

60 ml / 4 yemek kaşığı fıstık yağı

225g / 8oz yağsız domuz eti, doğranmış

3 frenk soğanı (soğan), doğranmış

1 adet kıyılmış kereviz sapı

15 ml / 1 yemek kaşığı soya sosu

5 ml / 1 çay kaşığı şeker

4 adet hafif çırpılmış yumurta

tuz

Fasulye filizlerini kaynar suda 3 dakika haşladıktan sonra iyice süzün. Yağın yarısını ısıtın ve domuz eti hafifçe kızarana kadar kızartın. Frenk soğanı ve kereviz ekleyin ve 1 dakika kızartın. Soya sosu ve şekeri ekleyip 2 dakika kavurun. Buzdolabından çıkarın. Çırpılmış yumurtaları tuzlayın. Kalan yağı ısıtın ve yumurtaları tavaya dökün, tavayı eğerek yumurta yüzeyi kaplayacak şekilde yatırın. Çiğ yumurtanın altına kayması için yumurtaları yerleştirirken tortillanın kenarlarını kaldırın. Dolguyu tortillanın ortasına koyun ve ikiye katlayın. Bitene kadar pişirin ve servis yapın.

Karides dolgulu tortilla

4 kişilik

30 ml / 2 yemek kaşığı fıstık yağı
2 kereviz sapı, doğranmış
2 frenk soğanı (soğan), doğranmış
225 gr soyulmuş karides, ikiye bölünmüş
4 adet hafif çırpılmış yumurta
tuz

Yağın yarısını ısıtın ve kereviz ve soğanı hafifçe kızarana kadar kızartın. Karidesleri ekleyin ve çok sıcak olana kadar kızartın. Buzdolabından çıkarın. Çırpılmış yumurtaları tuzlayın. Kalan yağı ısıtın ve yumurtaları tavaya dökün, tavayı eğerek yumurta yüzeyi kaplayacak şekilde yatırın. Çiğ yumurtanın altına kayması için yumurtaları yerleştirirken tortillanın kenarlarını kaldırın. Dolguyu tortillanın ortasına koyun ve ikiye katlayın. Bitene kadar pişirin ve servis yapın.

Tavuk dolgulu buğulanmış ekmeği

4 kişilik

4 adet hafif çırpılmış yumurta

tuz

15 ml / 1 yemek kaşığı fıstık yağı

100 gr / 4 ons pişmiş tavuk, doğranmış

2 dilim kıyılmış zencefil kökü

1 doğranmış soğan

120 ml / 4 fl oz / ½ fincan tavuk suyu

15 ml / 1 yemek kaşığı pirinç şarabı veya sek şeri

Yumurtaları çırpın ve tuz ekleyin. Biraz yağ ısıtın ve yumurtaların dörtte birini dökün, ardından karışımı tavaya dökün. Bir tarafı hafif kızarana kadar kızartın ve dinlenmeye bırakın, ardından bir tabağa ters çevirin. Kalan 4 tortillayı pişirin. Tavuk, zencefil ve soğanı karıştırın. Karışımı tortillaların arasına eşit bir şekilde yayın, rulo yapın, kokteyl çubuklarıyla sabitleyin ve ruloları sığ bir fırın tepsisine yerleştirin. Bir buharlayıcıda bir rafa yerleştirin, örtün ve 15 dakika buharlayın. Sıcak bir tabakaya aktarın ve daha kalın dilimler halinde kesin. Bu arada, suyu ve şeri ısıtın ve tuz ekleyin. Tortillaların üzerine dökün ve servis yapın.

istiridye krep

4 ila 6 porsiyon için

12 istiridye
4 adet hafif çırpılmış yumurta
3 taze soğan, dilimlenmiş
tuz ve taze çekilmiş karabiber
6 ml / 4 yemek kaşığı çok amaçlı un
2,5 ml / ½ çay kaşığı kabartma tozu
45 ml / 3 yemek kaşığı fıstık (yer fıstığı) yağı

İstiridyelerin kabuklarını soyun, 60 ml / 4 yemek kaşığı likörü ayırın ve irice doğrayın. Yumurtaları istiridye, frenk soğanı, tuz ve karabiberle karıştırın. Un ve kabartma tozunu karıştırın, istiridye ile bir hamur elde edene kadar karıştırın, ardından karışımı yumurtalara karıştırın. Yağı ısıtın ve küçük krepler yapmak için hamurdan kaşıkla kızartın. Her iki tarafta hafifçe kızarana kadar kızartın, ardından tavaya biraz daha yağ ekleyin ve tüm karışımı tüketene kadar devam edin.

karidesli krep

4 kişilik

50 gr soyulmuş karides, doğranmış
4 adet hafif çırpılmış yumurta
75 gr / 3 ons / ½ su bardağı tam buğday unu
tuz ve taze çekilmiş karabiber
120 ml / 4 fl oz / ½ fincan tavuk suyu
2 frenk soğanı (soğan), doğranmış
30 ml / 2 yemek kaşığı fıstık yağı

Yağ hariç tüm malzemeleri karıştırın. Biraz yağ ısıtın, hamurun dörtte birini dökün, tavayı dibe yayılacak şekilde eğin. Altı hafifçe kızarana kadar pişirin, sonra diğer tarafını çevirin ve pişirin. Tavadan çıkarın ve kalan krepleri pişirmeye devam edin.

Çin çırpılmış yumurta

4 kişilik

4 çırpılmış yumurta

2 frenk soğanı (soğan), doğranmış

bir tutam tuz

5 ml / 1 çay kaşığı soya sosu (isteğe bağlı)

30 ml / 2 yemek kaşığı fıstık yağı

Kullanıyorsanız yumurtaları frenk soğanı, tuz ve soya sosuyla çırpın. Yağı ısıtın ve yumurta karışımına dökün. Yumurtalar sertleşene kadar bir çatalla hafifçe karıştırın. Hemen servis yapın.

Balık ile çırpılmış yumurta

4 kişilik

225 gr balık filetosu
30 ml / 2 yemek kaşığı fıstık yağı
1 dilim zencefil kökü, doğranmış
2 frenk soğanı (soğan), doğranmış
4 adet hafif çırpılmış yumurta
tuz ve taze çekilmiş karabiber

Balıkları fırına dayanıklı bir kaba koyun ve buharlı pişiricideki rafa yerleştirin. Örtün ve yaklaşık 20 dakika buharlayın, ardından cildi çıkarın ve eti ezin. Yağı ısıtın ve zencefil ve frenk soğanı hafifçe kızarana kadar kızartın. Balığı ekleyin ve yağ ile kaplanana kadar karıştırın. Yumurtaları tuz ve karabiberle tatlandırın, tavaya dökün ve yumurtalar katılaşana kadar bir çatalla hafifçe karıştırın. Hemen servis yapın.

Mantarlı çırpılmış yumurta

4 kişilik

30 ml / 2 yemek kaşığı fıstık yağı

4 çırpılmış yumurta
3 frenk soğanı (soğan), doğranmış
bir tutam tuz
5 ml / 1 çay kaşığı soya sosu
100g / 4oz mantar, kabaca doğranmış

Yağın yarısını ısıtın ve mantarları çok sıcak olana kadar birkaç dakika kızartın, ardından tavadan çıkarın. Yumurtaları frenk soğanı, tuz ve soya sosuyla çırpın. Yağın geri kalanını ısıtın ve yumurta karışımına dökün. Yumurtalar katılaşana kadar bir çatalla hafifçe karıştırın, ardından mantarları tavaya geri koyun ve yumurtalar katılaşana kadar pişirin. Hemen servis yapın.

İstiridye soslu çırpılmış yumurta

4 kişilik

4 çırpılmış yumurta
3 frenk soğanı (soğan), doğranmış

tuz ve taze çekilmiş karabiber

5 ml / 1 çay kaşığı soya sosu

30 ml / 2 yemek kaşığı fıstık yağı

15 ml / 1 yemek kaşığı istiridye sosu

100 gr pişmiş jambon, ufalanmış

2 dal yassı maydanoz

Yumurtaları frenk soğanı, tuz, karabiber ve soya sosuyla çırpın. Yağın yarısını ekleyin. Yağın geri kalanını ısıtın ve yumurta karışımına dökün. Yumurtalar katılaşana kadar çatalla hafifçe karıştırın, ardından istiridye sosu ekleyin ve yumurtalar katılaşana kadar pişirin. Jambon ve maydanozla süsleyerek servis yapın.

Domuz eti ile çırpılmış yumurta

4 kişilik

225 gr yağsız domuz eti, dilimler halinde kesilmiş

30 ml / 2 yemek kaşığı soya sosu

30 ml / 2 yemek kaşığı fıstık yağı

2 frenk soğanı (soğan), doğranmış

4 çırpılmış yumurta

bir tutam tuz

5 ml / 1 çay kaşığı soya sosu

Domuz eti ve soya sosunu karıştırın, böylece domuz eti iyice kaplanır. Yağı ısıtın ve domuz eti hafifçe kızarana kadar kızartın. Soğanı ekleyin ve 1 dakika kızartın. Yumurtaları taze soğan, tuz ve soya sosu ile çırpın ve yumurta karışımını tavaya dökün. Yumurtalar sertleşene kadar bir çatalla hafifçe karıştırın. Hemen servis yapın.

Domuz eti ve karides ile omlet

4 kişilik

100 gr domuz kıyması

225 gr soyulmuş karides

2 frenk soğanı (soğan), doğranmış

1 dilim zencefil kökü, doğranmış

5 ml / 1 tatlı kaşığı mısır unu (mısır nişastası)

15 ml / 1 yemek kaşığı pirinç şarabı veya sek şeri

15 ml / 1 yemek kaşığı soya sosu

tuz ve taze çekilmiş karabiber

45 ml / 3 yemek kaşığı fıstık (yer fıstığı) yağı

4 adet hafif çırpılmış yumurta

Domuz eti, karides, soğan, zencefil, mısır nişastası, şarap veya şeri, soya sosu, tuz ve karabiberi karıştırın. Yağı ısıtın ve domuz eti karışımını açık kahverengi olana kadar kızartın. Yumurtaları içine dökün ve yumurtalar katılaşana kadar bir çatalla hafifçe karıştırın. Hemen servis yapın.

Ispanaklı çırpılmış yumurta

4 kişilik

45 ml / 3 yemek kaşığı fıstık (yer fıstığı) yağı

225 gr / 8 ons ıspanak

4 çırpılmış yumurta

2 frenk soğanı (soğan), doğranmış
bir tutam tuz

Yağın yarısını ısıtın ve ıspanağı parlak yeşile dönene ancak solmayan kadar birkaç dakika kızartın. Kabından çıkarıp ince ince kıyın. Kullanıyorsanız yumurtaları frenk soğanı, tuz ve soya sosuyla çırpın. Ispanağı ekleyin. Yağı ısıtın ve yumurta karışımına dökün. Yumurtalar katılaşana kadar bir çatalla hafifçe karıştırın. Hemen servis yapın.

Frenk soğanı ile çırpılmış yumurta

4 kişilik

4 çırpılmış yumurta
8 frenk soğanı (soğan), doğranmış
tuz ve taze çekilmiş karabiber
5 ml / 1 çay kaşığı soya sosu
30 ml / 2 yemek kaşığı fıstık yağı

Yumurtaları frenk soğanı, tuz, karabiber ve soya sosuyla çırpın. Yağı ısıtın ve yumurta karışımına dökün. Yumurtalar sertleşene kadar bir çatalla hafifçe karıştırın. Hemen servis yapın.

Domatesli çırpılmış yumurta

4 kişilik

4 çırpılmış yumurta
2 frenk soğanı (soğan), doğranmış
bir tutam tuz
30 ml / 2 yemek kaşığı fıstık yağı
3 domates, soyulmuş ve doğranmış

Yumurtaları frenk soğanı ve tuzla çırpın. Yağı ısıtın ve yumurta karışımına dökün. Yumurtalar sertleşene kadar hafifçe karıştırın, ardından domatesleri ekleyin ve sertleşene kadar karıştırarak pişirmeye devam edin. Hemen servis yapın.

Sebzeli sahanda yumurta

4 kişilik

30 ml / 2 yemek kaşığı fıstık yağı

5 ml / 1 çay kaşığı susam yağı

1 yeşil biber, doğranmış

1 diş kıyılmış sarımsak

100g/4oz pudra şekeri, ikiye bölünmüş

4 çırpılmış yumurta

2 frenk soğanı (soğan), doğranmış

bir tutam tuz

5 ml / 1 çay kaşığı soya sosu

Fıstık yağının yarısını susam yağı ile ısıtın ve biber ve sarımsağı açık kahverengi olana kadar kızartın. Bezelyeyi şekerle ekleyin ve 1 dakika kızartın. Yumurtaları frenk soğanı, tuz ve soya sosu ile çırpın ve karışımı tavaya dökün. Yumurtalar katılaşana kadar bir çatalla hafifçe karıştırın. Hemen servis yapın.

tavuklu sufle

4 kişilik

100g / 4oz öğütülmüş tavuk göğsü

(Ben genelde)

45 ml / 3 yemek kaşığı tavuk suyu

2,5 ml / ½ çay kaşığı tuz

4 yumurta akı

75 ml / 5 yemek kaşığı yer fıstığı yağı (yer fıstığı).

Tavuk, et suyu ve tuzu iyice karıştırın. Yumurta aklarını çırpın ve karışıma ekleyin. Yağı tütmeye başlayana kadar ısıtın, karışımı ekleyin ve iyice karıştırın, ardından ısıyı azaltın ve karışım koyulaşana kadar hafifçe karıştırarak pişirmeye devam edin.

yengeç sufle

4 kişilik

100 gr yengeç eti, kuşbaşı

tuz

15 ml / 1 yemek kaşığı mısır unu (mısır nişastası)

120 ml / 4 fl oz / ½ fincan süt

4 yumurta akı

75 ml / 5 yemek kaşığı yer fıstığı yağı (yer fıstığı).

Yengeç eti, tuz, mısır nişastasını karıştırın ve iyice karıştırın. Yumurta aklarını katılaşana kadar çırpın ve karışıma ekleyin. Yağı tütmeye başlayana kadar ısıtın, karışımı ekleyin ve iyice karıştırın, ardından ısıyı azaltın ve karışım koyulaşana kadar hafifçe karıştırarak pişirmeye devam edin.

Yengeç ve zencefilli sufle

4 kişilik

75 ml / 5 yemek kaşığı yer fıstığı yağı (yer fıstığı).

2 dilim kıyılmış zencefil kökü

1 frenk soğanı (soğan), doğranmış

100 gr yengeç eti, kuşbaşı

tuz

15 ml / 1 yemek kaşığı pirinç şarabı veya sek şeri

120ml/4ft oz/k bardak süt

60 ml / 4 yemek kaşığı tavuk suyu

15 ml / 2 yemek kaşığı mısır unu (mısır nişastası)

4 yumurta akı

5 ml / 1 çay kaşığı susam yağı

Yağın yarısını ısıtın ve zencefil ve soğanı yumuşayana kadar kızartın. Yengeç eti ve tuzu ekleyin, ocaktan alın ve biraz soğumaya bırakın. Şarap veya şeri, süt, et suyu ve mısır ununu karıştırın, ardından yengeç karışımıyla karıştırın. Yumurta aklarını katılaşana kadar çırpın ve karışıma ekleyin. Kalan yağı duman çıkana kadar ısıtın, karışımı ekleyin ve iyice karıştırın, ardından ısıyı azaltın ve karışım koyulaşana kadar hafifçe karıştırarak pişirmeye devam edin.

balık sufle

4 kişilik

3 yumurta, ayrılmış
5 ml / 1 çay kaşığı soya sosu
5 ml / 1 çay kaşığı şeker
tuz ve taze çekilmiş karabiber
450 gr / 1 pound balık filetosu
45 ml / 3 yemek kaşığı fıstık (yer fıstığı) yağı

Yumurta sarılarını soya sosu, şeker, tuz ve karabiberle karıştırın. Balıkları büyük parçalar halinde kesin. Balıkları iyice kaplanana kadar karışıma batırın. Yağı ısıtın ve balıkları altları altın rengi olana kadar kızartın. Yumurta aklarını sert tepeler oluşana kadar çırpın. Balığı ters çevirin ve yumurta beyazını balığın üzerine koyun. Alt kısmı hafif altın rengi olana kadar 2 dakika pişirin, ardından çevirin ve yumurta akı altın rengi olana kadar 1 dakika daha pişirin. Domates sosu ile servis yapın.

karides sufle

4 kişilik

225 gr soyulmuş karides, doğranmış
1 dilim zencefil kökü, doğranmış
15 ml / 1 yemek kaşığı pirinç şarabı veya sek şeri
15 ml / 1 yemek kaşığı soya sosu
tuz ve taze çekilmiş karabiber
4 yumurta akı
45 ml / 3 yemek kaşığı fıstık (yer fıstığı) yağı

Karides, zencefil, şarap veya şeri, soya sosu, tuz ve karabiberi ilave edin. Yumurta aklarını katılaşana kadar çırpın ve karışıma ekleyin. Yağı tütmeye başlayana kadar ısıtın, karışımı ekleyin ve iyice karıştırın, ardından ısıyı azaltın ve karışım koyulaşana kadar hafifçe karıştırarak pişirmeye devam edin.

Fasulye filizli karides sufle

4 kişilik

100 gr fasulye filizi
100 gr soyulmuş karides, iri kıyılmış
2 frenk soğanı (soğan), doğranmış
5 ml / 1 tatlı kaşığı mısır unu (mısır nişastası)
15 ml / 1 yemek kaşığı pirinç şarabı veya sek şeri
120 ml / 4 fl oz / ½ fincan tavuk suyu
tuz
4 yumurta akı
45 ml / 3 yemek kaşığı fıstık (yer fıstığı) yağı

Fasulye filizlerini kaynar suda 2 dakika haşlayın, ardından süzün ve sıcak tutun. Bu arada karides, soğan, mısır nişastası, şarap veya şeri karıştırın ve bir kenara koyun ve tuz ekleyin. Yumurta aklarını katılaşana kadar çırpın ve karışıma ekleyin. Yağı tütmeye başlayana kadar ısıtın, karışımı ekleyin ve iyice karıştırın, ardından ısıyı azaltın ve karışım koyulaşana kadar hafifçe karıştırarak pişirmeye devam edin. Sıcak tabağa koyun ve fasulye filizi ile kaplayın.

sebzeli sufle

4 kişilik

5 yumurta, ayrılmış
3 rendelenmiş patates
1 küçük soğan ince doğranmış
15 ml / 1 yemek kaşığı doğranmış taze maydanoz
5 ml / 1 çay kaşığı soya sosu
tuz ve taze çekilmiş karabiber

Sert zirveler oluşana kadar yumurta aklarını çırpın. Yumurta sarılarını beyazlaşıp koyulaşana kadar çırpın, ardından patates, soğan, maydanoz ve soya sosu ekleyip iyice karıştırın.

Yumurta akı karı ekleyin. Yağlanmış sufle kalıbına dökün ve önceden ısıtılmış fırında 180°C/350°F/gaz 4'te yaklaşık 40 dakika pişirin.

Yumurta Foo Yung

4 kişilik

4 adet hafif çırpılmış yumurta

tuz

100 gr / 4 ons pişmiş tavuk, doğranmış

1 doğranmış soğan

2 kereviz sapı, doğranmış

50 gr / 2 ons mantar, doğranmış

30 ml / 2 yemek kaşığı fıstık yağı

foo yung yumurta sosu

Yumurta, tuz, tavuk, soğan, kereviz ve mantarları karıştırın. Biraz yağ ısıtın ve karışımın dörtte birini tavaya dökün. Altı hafifçe kızarana kadar kızartın, ardından diğer tarafını çevirin ve kızartın. Foo yung yumurta sosu ile servis yapın.

Kızarmış Yumurta Foo Yung

4 kişilik

4 adet hafif çırpılmış yumurta
5 ml / 1 çay kaşığı tuz
100 gr tütsülenmiş jambon, doğranmış
100 gr doğranmış mantar
15 ml / 1 yemek kaşığı soya sosu
kızartmalık yağ

Yumurtaları tuz, jambon, mantar ve soya sosuyla karıştırın. Yağı ısıtın ve karışımdan dikkatlice kaşıkları içine dökün. Yükselene kadar pişirin, her iki tarafta altın kahverengi olana kadar dönün. Kalan pankekler pişerken yağdan alıp süzün.

Yengeç Foo Yung mantarlı

4 kişilik

6 çırpılmış yumurta

45 ml / 3 yemek kaşığı mısır unu (mısır nişastası)

100 gr / 4 ons yengeç eti

100g / 4oz mantar, doğranmış

100g/4oz dondurulmuş bezelye

2 frenk soğanı (soğan), doğranmış

5 ml / 1 çay kaşığı tuz

45 ml / 3 yemek kaşığı fıstık (yer fıstığı) yağı

Yumurtaları çırpın ve mısır unu ekleyin. Yağ hariç her şeyi ekleyin. Biraz yağı ısıtın ve yaklaşık 3 cm genişliğinde küçük krepler yapmak için karışımı yavaşça tavaya dökün. Altı hafifçe kızarana kadar kızartın, ardından diğer tarafını çevirin ve kızartın. Tüm karışım bitene kadar devam edin.

Foo Yung Jambonlu Yumurta

4 kişilik

60 ml / 4 yemek kaşığı fıstık yağı

50 gr bambu filizi, doğranmış

50 gr su kestanesi, küpler halinde kesilmiş

2 frenk soğanı (soğan), doğranmış

2 kereviz sapı, doğranmış

50g/2oz füme jambon, doğranmış

15 ml / 1 yemek kaşığı soya sosu

2,5 ml / ½ çay kaşığı şeker

2,5 ml / ½ çay kaşığı tuz

4 adet hafif çırpılmış yumurta

Yağın yarısını ısıtın ve bambu filizlerini, kestaneleri, frenk soğanı ve kerevizi yaklaşık 2 dakika kızartın. Jambon, soya sosu, şeker ve tuzu ekleyin, kaseden çıkarın ve biraz soğumaya bırakın. Karışımı çırpılmış yumurtalara ekleyin. Kalan yağı biraz ısıtın ve yaklaşık 3 inç genişliğinde küçük krepler yapmak için karışımı yavaşça tavaya dökün. Altı hafifçe kızarana kadar kızartın, ardından diğer tarafını çevirin ve kızartın. Tüm karışım bitene kadar devam edin.

Kızarmış Domuz Yumurtası Foo Yung

4 kişilik

4 adet kuru Çin mantarı
60 ml / 3 yemek kaşığı fıstık yağı
100 gr / 4 ons kızarmış domuz eti, doğranmış
100 gr Çin lahanası, doğranmış
50 gr bambu filizi, dilimler halinde kesilmiş
50 g / 2 ons su kestanesi, dilimlenmiş
4 adet hafif çırpılmış yumurta
tuz ve taze çekilmiş karabiber

Mantarları 30 dakika ılık suda bekletin, sonra süzün. Sapları atın ve üstleri kesin. 30 ml / 2 yemek kaşığı yağı ısıtın ve mantarları, domuz etini, lahanayı, bambu filizlerini ve su kestanelerini 3 dakika kızartın. Tavadan çıkarın ve biraz soğumaya bırakın, ardından yumurtaları ve mevsimi tuz ve karabiberle karıştırın. Kalan yağı biraz ısıtın ve yaklaşık 3 inç genişliğinde küçük krepler yapmak için karışımı yavaşça tavaya dökün. Altı hafifçe kızarana kadar kızartın, ardından diğer tarafını çevirin ve kızartın. Tüm karışım bitene kadar devam edin.

Domuz Yumurtası ve Karides Foo Yung

4 kişilik

45 ml / 3 yemek kaşığı fıstık (yer fıstığı) yağı
100g/4oz yağsız domuz eti, dilimlenmiş
1 doğranmış soğan
225 gr karides, soyulmuş, dilimlenmiş
50 gr Çin lahanası, doğranmış
4 adet hafif çırpılmış yumurta
tuz ve taze çekilmiş karabiber

30 ml / 2 yemek kaşığı yağı ısıtın ve domuz eti ile soğanı kızarana kadar kızartın. Karidesleri ekleyin ve yağla kaplanana kadar kızartın, ardından lahanayı ekleyin, iyice karıştırın, üzerini kapatın ve 3 dakika pişirin. Kalıptan çıkarın ve biraz soğumaya bırakın. Et karışımını yumurtalara ekleyin ve tuz ve karabiber ekleyin. Kalan yağı biraz ısıtın ve yaklaşık 3 inç genişliğinde küçük krepler yapmak için karışımı yavaşça tavaya dökün. Altı hafifçe kızarana kadar kızartın, ardından diğer tarafını çevirin ve kızartın. Tüm karışım bitene kadar devam edin.

Beyaz pirinç

4 kişilik

225 gr / 8 ons / 1 su bardağı uzun taneli pirinç

15 ml / 1 yemek kaşığı sıvı yağ
750 ml / 1 ¼ puan / 3 bardak su

Pirinci yıkadıktan sonra tencereye alın. Suyu yağa ekleyin ve ardından pirincin yaklaşık bir inç üzerinde olacak şekilde tavaya ekleyin. Kaynatın, bir kapakla örtün, ısıyı azaltın ve 20 dakika pişirin.

pişmiş kahverengi pirinç

4 kişilik

225 gr / 8 ons / 1 su bardağı uzun taneli kahverengi pirinç
5 ml / 1 çay kaşığı tuz
900 ml / 1 ½ puan / 3 ¾ bardak su

Pirinci yıkadıktan sonra tencereye alın. Pirincin yaklaşık 3 cm üzerinde olacak şekilde tuz ve su ekleyin. Kaynatın, üzerini sıkıca kapatan bir kapakla kapatın, ısıyı azaltın ve kuruyana kadar kaynatmamaya dikkat ederek 30 dakika pişirin.

etli pilav

4 kişilik

225 gr / 8 ons / 1 su bardağı uzun taneli pirinç
100 gr / 4 ons kıyma

1 dilim zencefil kökü, doğranmış
15 ml / 1 yemek kaşığı soya sosu
15 ml / 1 yemek kaşığı pirinç şarabı veya sek şeri
5 ml / 1 çay kaşığı yer fıstığı yağı
2,5 ml / ½ çay kaşığı şeker
2,5 ml / ½ çay kaşığı tuz

Pirinci büyük bir tencereye koyun ve kaynatın. Kapağı kapatın ve sıvının çoğu emilene kadar yaklaşık 10 dakika pişirin. Kalan malzemeleri karıştırın, pirinci koyun, üzerini kapatın ve pişene kadar 20 dakika daha kısık ateşte pişirin. Servis yapmadan önce malzemeleri karıştırın.

tavuk ciğeri pilavı

4 kişilik

225 gr / 8 ons / 1 su bardağı uzun taneli pirinç
375 ml / 13 fl oz / 1½ su bardağı tavuk suyu
tuz

2 adet ince dilimlenmiş haşlanmış tavuk ciğeri

Pirinç ve çorbayı büyük bir tencereye koyun ve kaynatın. Örtün ve pirinç neredeyse yumuşayana kadar yaklaşık 10 dakika pişirin. Kapağı çıkarın ve stoğun çoğu emilene kadar kısık ateşte pişirmeye devam edin. Tatmak için tuz ekleyin, tavuk ciğeri ekleyin ve servis yapmadan önce hafifçe ısıtın.

Tavuk ve mantarlı pilav

4 kişilik

225 gr / 8 ons / 1 su bardağı uzun taneli pirinç

100 gr / 4 ons tavuk eti, doğranmış

100g / 4oz mantar, doğranmış

5 ml / 1 tatlı kaşığı mısır unu (mısır nişastası)

5 ml / 1 çay kaşığı soya sosu

5 ml / 1 çay kaşığı pirinç şarabı veya kuru şeri

bir tutam tuz

15 ml / 1 yemek kaşığı doğranmış taze soğan (yeşil soğan)

15 ml / 1 yemek kaşığı istiridye sosu

Pirinci büyük bir tencereye koyun ve kaynatın. Kapağı kapatın ve sıvının çoğu emilene kadar yaklaşık 10 dakika pişirin. Frenk soğanı ve istiridye sosu hariç kalan tüm malzemeleri karıştırın, pirinci koyun, üzerini kapatın ve tamamen pişene kadar 20 dakika daha kısık ateşte pişirin. Servis yapmadan önce malzemeleri karıştırın ve frenk soğanı ve istiridye sosu serpin.

Hindistan cevizi pirinci

4 kişilik

225 gr / 8 ons / 1 su bardağı Tayland aromalı pirinç

1 l / 1 ¾ puan / 4 ¼ bardak hindistan cevizi sütü

150 ml / ¼ pt / cömert ½ fincan hindistan cevizi kreması

1 demet kıyılmış kişniş

bir tutam tuz

Tüm malzemeleri bir tencerede kaynatın, örtün ve pirinci ara sıra karıştırarak yaklaşık 25 dakika kısık ateşte pişirin.

Yengeç etli pilav

4 kişilik

225 gr / 8 ons / 1 su bardağı uzun taneli pirinç
100 gr yengeç eti, kuşbaşı
2 dilim kıyılmış zencefil kökü
15 ml / 1 yemek kaşığı soya sosu
15 ml / 1 yemek kaşığı pirinç şarabı veya sek şeri
5 ml / 1 çay kaşığı yer fıstığı yağı
5 ml / 1 tatlı kaşığı mısır unu (mısır nişastası)
tuz ve taze çekilmiş karabiber

Pirinci büyük bir tencereye koyun ve kaynatın. Kapağı kapatın ve sıvının çoğu emilene kadar yaklaşık 10 dakika pişirin. Kalan malzemeleri karıştırın, pirinci koyun, üzerini kapatın ve pişene kadar 20 dakika daha kısık ateşte pişirin. Servis yapmadan önce malzemeleri karıştırın.

Fasulyeli pilav

4 kişilik

225 gr / 8 ons / 1 su bardağı uzun taneli pirinç
350 gr / 12 ons fasulye
30 ml / 2 yemek kaşığı soya sosu

Pirinç ve çorbayı büyük bir tencereye koyun ve kaynatın. Fasulyeleri ekleyin, üzerini kapatın ve pirinç neredeyse yumuşayana kadar yaklaşık 20 dakika pişirin. Kapağı çıkarın ve sıvının çoğu emilene kadar kısık ateşte pişirmeye devam edin. Üzerini kapatıp 5 dakika dinlendirin ve üzerine soya sosu gezdirerek servis edin.

biberli pilav

4 kişilik

225 gr / 8 ons / 1 su bardağı uzun taneli pirinç

2 frenk soğanı (soğan), doğranmış

1 kırmızı biber, doğranmış

45 ml / 3 yemek kaşığı soya sosu

30 ml / 2 yemek kaşığı fıstık yağı

5 ml / 1 çay kaşığı şeker

Pirinci bir tencereye koyun, üzerini soğuk suyla kapatın, kaynatın, üzerini kapatın ve yumuşayana kadar yaklaşık 20 dakika pişirin. İyice süzün ve arpacık soğanı, biber, soya sosu, yağ ve şekeri ekleyin. Sıcak bir kaseye aktarın ve hemen servis yapın.

haşlanmış yumurta ile pirinç

4 kişilik

225 gr / 8 ons / 1 su bardağı uzun taneli pirinç
4 yumurta
15 ml / 1 yemek kaşığı istiridye sosu

Pirinci bir tencereye koyun, üzerini soğuk suyla kapatın, kaynatın, üzerini kapatın ve yumuşayana kadar yaklaşık 10 dakika pişirin. Süzün ve ocağa koyun. Bu arada, bir tencerede su kaynatın, yumurtaları yavaşça kırın ve yumurta akları sertleşene ve yumurtalar hala ıslak olana kadar birkaç dakika pişirin. Oluklu bir kaşıkla kaseden çıkarın ve pirincin üzerine yerleştirin. İstiridye sosu gezdirerek servis yapın.

Singapur usulü pirinç

4 kişilik

225 gr / 8 ons / 1 su bardağı uzun taneli pirinç
5 ml / 1 çay kaşığı tuz
1,2 l / 2 puan / 5 bardak su

Pirinci yıkayın ve tuz ve su ile bir tencereye koyun. Kaynatın, ısıyı azaltın ve pirinç yumuşayana kadar yaklaşık 15 dakika pişirin. Bir kevgir içinde süzün ve servis yapmadan önce sıcak suyla durulayın.

Tekne için yavaş pirinç

4 kişilik

225 gr / 8 ons / 1 su bardağı uzun taneli pirinç

5 ml / 1 çay kaşığı tuz

15 ml / 1 yemek kaşığı sıvı yağ

750 ml / 1¼ puan / 3 bardak su

Pirinci yıkayın ve tuz, yağ ve su ile bir fırın tepsisine koyun. Üzerini kapatın ve önceden ısıtılmış fırında 120°C/250°F/gaz işareti ½'de tüm su emilene kadar yaklaşık 1 saat pişirin.

haşlanmış pirinç

4 kişilik

225 gr / 8 ons / 1 su bardağı uzun taneli pirinç
5 ml / 1 çay kaşığı tuz
450 ml / ¾ puan / 2 su bardağı su

Pirinci, tuzu ve suyu fırına dayanıklı bir kaba koyun, üzerini kapatın ve önceden ısıtılmış fırında 180°C/350°F/Gaz 4'te yaklaşık 30 dakika pişirin.

Kızarmış pirinç

4 kişilik

225 gr / 8 ons / 1 su bardağı uzun taneli pirinç

750 ml / 1¼ puan / 3 bardak su

30 ml / 2 yemek kaşığı fıstık yağı

1 çırpılmış yumurta

2 diş sarımsak, doğranmış

bir tutam tuz

1 soğan ince kıyılmış

3 frenk soğanı (soğan), doğranmış

2,5 ml / ½ çay kaşığı siyah pekmez

Pirinci ve suyu bir tencereye koyun, kaynatın, üzerini kapatın ve pirinç pişene kadar yaklaşık 20 dakika pişirin. İyi kurutun. 5 ml / 1 çay kaşığı yağı ısıtın ve yumurtayı dökün. Alt ayarlanana kadar pişirin, ardından çevirin ve ayarlanana kadar pişirmeye devam edin. Kaseden çıkarın ve şeritler halinde kesin. Tavaya yağın geri kalanını sarımsak ve tuzla birlikte ekleyin ve sarımsaklar altın sarısı bir renk alana kadar kavurun. Soğan ve pirinci ekleyin ve 2 dakika kızartın. Frenk soğanı ekleyin ve 2 dakika kızartın. Çörek otu pekmezini pirinç kaplanana kadar karıştırın, ardından yumurta şeritlerini ekleyin ve servis yapın.

bademli kızarmış pilav

4 kişilik

250 ml / 8 fl oz / 1 su bardağı fıstık yağı (yer fıstığı yağı).

50 gr / 2 ons / ½ su bardağı file badem

4 çırpılmış yumurta

450 gr / 1 lb / 3 su bardağı pişmiş uzun taneli pirinç

5 ml / 1 çay kaşığı tuz

Şeritler halinde kesilmiş 3 dilim pişmiş jambon

2 arpacık soğan, ince kıyılmış

15 ml / 1 yemek kaşığı soya sosu

Yağı ısıtın ve bademleri kızarana kadar kızartın. Kaseden çıkarın ve mutfak kağıdının üzerine boşaltın. Tavadaki yağın çoğunu boşaltın, ardından tekrar ısıtın ve sürekli karıştırarak yumurtaları dökün. Pirinci ve tuzu ekleyin ve 5 dakika pişirin, pirinç tanelerini yumurtaya bulamak için hızlıca kaldırıp fırlatın. Jambon, frenk soğanı ve soya sosu ekleyin ve 2 dakika daha pişirin. Bademlerin çoğunu ekleyin ve kalan bademlerle süsleyerek servis yapın.

Pastırma ve yumurta ile kızarmış pilav

4 kişilik

45 ml / 3 yemek kaşığı fıstık (yer fıstığı) yağı

225 gr domuz pastırması, doğranmış

1 soğan ince kıyılmış

3 çırpılmış yumurta

225 gr pişmiş uzun taneli pirinç

Yağı ısıtın ve pastırma ve soğanı hafifçe kızarana kadar kızartın. Yumurta ekleyin ve neredeyse pişene kadar kızartın. Pirinci ekleyin ve pirinç tamamen ısınana kadar kızartın.

Etli kızarmış pilav

4 kişilik

225 gr / 8 ons yağsız sığır eti, şeritler halinde kesilmiş
15 ml / 1 yemek kaşığı mısır unu (mısır nişastası)
15 ml / 1 yemek kaşığı soya sosu
15 ml / 1 yemek kaşığı pirinç şarabı veya sek şeri
5 ml / 1 çay kaşığı şeker
75 ml / 5 yemek kaşığı yer fıstığı yağı (yer fıstığı).
1 doğranmış soğan
450 gr / 1 lb / 3 su bardağı pişmiş uzun taneli pirinç
45 ml / 3 yemek kaşığı tavuk suyu

Eti mısır nişastası, soya sosu, şarap veya şeri ve şekerle karıştırın. Yağın yarısını ısıtın ve soğanı yarı saydam olana kadar kızartın. Eti ekleyin ve 2 dakika kızartın. Buzdolabından çıkarın. Kalan yağı ısıtın, pirinci ekleyin ve 2 dakika kızartın. Stok ve ısı ekleyin. Et ve soğan karışımının yarısını ekleyin ve iyice ısınana kadar karıştırın, ardından ılık bir tabağa aktarın ve kalan et ve soğanı üzerine ekleyin.

Kıymalı kızarmış pilav

4 kişilik

30 ml / 2 yemek kaşığı fıstık yağı
1 diş ezilmiş sarımsak
bir tutam tuz
30 ml / 2 yemek kaşığı soya sosu
30 ml / 2 yemek kaşığı kuru üzüm sosu
450 gr / 1 pound kıyma
1 doğranmış soğan
1 havuç küp şeklinde kesilmiş
1 pırasa küp şeklinde kesilmiş
450 g/lb pişmiş uzun taneli pirinç

Yağı ısıtın ve sarımsak ve tuzu hafifçe kızarana kadar kızartın. Soya soslarını ve kuru üzümü ekleyin ve birleşene kadar karıştırın. Eti ekleyin ve gevrek ve kahverengi olana kadar kızartın. Sebzeleri ekleyin ve sürekli karıştırarak yumuşayana kadar kızartın. Pirinci ekleyin ve çok sıcak olana ve soslarla kaplanana kadar sürekli karıştırarak kızartın.

Et ve soğan ile kızarmış pilav

4 kişilik

1 pound / 450 gr yağsız dana eti, ince dilimlenmiş

45 ml / 3 yemek kaşığı soya sosu

15 ml / 1 yemek kaşığı pirinç şarabı veya sek şeri

tuz ve taze çekilmiş karabiber

15 ml / 1 yemek kaşığı mısır unu (mısır nişastası)

45 ml / 3 yemek kaşığı fıstık (yer fıstığı) yağı

1 doğranmış soğan

225 gr pişmiş uzun taneli pirinç

Eti soya sosu, şarap veya şeri, tuz, karabiber ve mısır ezmesi ile 15 dakika marine edin. Yağı ısıtın ve soğanı açık kahverengi olana kadar kızartın. Et ve marineyi ekleyip 3 dakika kavurun. Pirinci ekleyin ve çok sıcak olana kadar kızartın.

tavuklu pilav

4 kişilik

225 gr / 8 ons / 1 su bardağı uzun taneli pirinç
750 ml / 1 ¼ puan / 3 bardak su
30 ml / 2 yemek kaşığı fıstık yağı
2 diş sarımsak, doğranmış
bir tutam tuz
1 soğan ince kıyılmış
3 frenk soğanı (soğan), doğranmış
100 gr / 4 ons pişmiş tavuk, doğranmış
15 ml / 1 yemek kaşığı soya sosu

Pirinci ve suyu bir tencereye koyun, kaynatın, üzerini kapatın ve pirinç pişene kadar yaklaşık 20 dakika pişirin. İyi kurutun. Yağı ısıtın ve sarımsağı ve tuzu, sarımsak altın rengi kahverengi olana kadar kızartın. Soğanı ekleyin ve 1 dakika kızartın. Pirinci ekleyin ve 2 dakika kızartın. Frenk soğanı ve tavuk ekleyin ve 2 dakika kızartın. Pirinci kaplamak için soya sosu ekleyin.

ördek kızarmış pilav

4 kişilik

4 adet kuru Çin mantarı

45 ml / 3 yemek kaşığı fıstık (yer fıstığı) yağı

2 frenk soğanı (soğan), dilimlenmiş

225 gr Çin lahanası, doğranmış

100g pişmiş ördek, doğranmış

45 ml / 3 yemek kaşığı soya sosu

15 ml / 1 yemek kaşığı pirinç şarabı veya sek şeri

350 g / 12 ons pişmiş uzun taneli pirinç

45 ml / 3 yemek kaşığı tavuk suyu

Mantarları 30 dakika ılık suda bekletin, sonra süzün. Sapları atın ve üstleri doğrayın. Yağın yarısını ısıtın ve taze soğanları yarı saydam olana kadar kızartın. Çin lahanasını ekleyin ve 1 dakika kızartın. Ördeği, soya sosu ve şarap veya şeri ekleyin ve 3 dakika kızartın. Buzdolabından çıkarın. Kalan yağı ısıtın ve pirinci yağla kaplanana kadar kızartın. Stoku ekleyin, kaynatın ve 2 dakika kızartın. Ördek karışımını tavaya geri koyun ve servis yapmadan önce iyice ısınana kadar karıştırın.

jambonlu pilav

4 kişilik

30 ml / 2 yemek kaşığı fıstık yağı

1 çırpılmış yumurta

1 diş ezilmiş sarımsak

350 g / 12 ons pişmiş uzun taneli pirinç

1 soğan ince kıyılmış

1 doğranmış yeşil biber

100 gr kıyılmış jambon

50 g / 2 ons su kestanesi, dilimlenmiş

50 gr doğranmış bambu filizi

15 ml / 1 yemek kaşığı soya sosu

15 ml / 1 yemek kaşığı pirinç şarabı veya sek şeri

15 ml / 1 yemek kaşığı istiridye sosu

Bir tavada biraz yağı ısıtın ve yumurtayı ekleyin, tavanın etrafına yaymak için tavayı eğerek. Altı hafifçe kızarana kadar pişirin, ardından diğer tarafını çevirin ve pişirin. Tavadan çıkarın ve sarımsağı doğrayın ve açık kahverengi olana kadar kızartın. Pirinç, soğan ve biberi ekleyip 3 dakika kavurun. Jambon, kestane ve bambu filizlerini ekleyin ve 5 dakika kızartın. Diğer malzemeleri ekleyin ve yaklaşık 4 dakika kavurun. Üzerine yumurta şeritleri serperek servis yapın.

Jambon ve et suyu ile pirinç

4 kişilik

30 ml / 2 yemek kaşığı fıstık yağı

3 çırpılmış yumurta

350 g / 12 ons pişmiş uzun taneli pirinç

600 ml / 1 puan / 2½ su bardağı tavuk suyu

100 gr tütsülenmiş jambon, ufalanmış

100 gr / 4 ons bambu filizi, dilimlenmiş

Yağı ısıtın ve yumurtaları dökün. Kızartmaya başlayınca pirinci ekleyip 2 dakika kavurun. Çorbayı ve jambonu ekleyin ve kaynatın. 2 dakika pişirin, bambu filizlerini ekleyin ve servis yapın.

Kızarmış domuzlu pilav

4 kişilik

45 ml / 3 yemek kaşığı fıstık (yer fıstığı) yağı
3 frenk soğanı (soğan), doğranmış
100 gr / 4 oz domuz rosto, doğranmış
350 g / 12 ons pişmiş uzun taneli pirinç
30 ml / 2 yemek kaşığı soya sosu
2,5 ml / ½ çay kaşığı tuz
2 çırpılmış yumurta

Yağı ısıtın ve taze soğanları şeffaf hale gelinceye kadar kızartın. Domuz eti ekleyin ve yağ ile kaplanana kadar karıştırın. Pirinç, soya sosu ve tuzu ekleyip 3 dakika kavurun. Yumurtaları ekleyin ve sertleşmeye başlayana kadar karıştırın.

Domuz eti ve karides ile kızarmış pilav

4 kişilik

45 ml / 3 yemek kaşığı fıstık (yer fıstığı) yağı

2,5 ml / ½ çay kaşığı tuz

2 frenk soğanı (soğan), doğranmış

350 g / 12 ons pişmiş uzun taneli pirinç

100 gr / 4 ons kızarmış domuz eti

225 gr soyulmuş karides

50 gr Çin yaprağı, yırtılmış

45 ml / 3 yemek kaşığı soya sosu

Yağı ısıtın ve tuzu ve frenk soğanı hafifçe kızarana kadar kızartın. Pirinci ekleyin ve taneleri parçalamak için kızartın. Domuz eti ekleyin ve 2 dakika kızartın. Karidesleri, Çin yapraklarını ve soya sosunu ekleyin ve kızarana kadar kızartın.

Karidesli kızarmış pilav

4 kişilik

225 gr / 8 ons / 1 su bardağı uzun taneli pirinç
750 ml / 1¼ puan / 3 bardak su
30 ml / 2 yemek kaşığı fıstık yağı
2 diş sarımsak, doğranmış
bir tutam tuz
1 soğan ince kıyılmış
225 gr soyulmuş karides
5 ml / 1 çay kaşığı soya sosu

Pirinci ve suyu bir tencereye koyun, kaynatın, üzerini kapatın ve pirinç pişene kadar yaklaşık 20 dakika pişirin. İyi kurutun. Yağı sarımsak ve tuzla ısıtın ve sarımsak hafifçe kızarana kadar kızartın. Pirinç ve soğanı ekleyip 2 dakika kavurun. Karidesleri ekleyin ve 2 dakika kızartın. Servis yapmadan önce soya sosu ekleyin.

kızarmış pilav ve fasulye

4 kişilik

30 ml / 2 yemek kaşığı fıstık yağı

2 diş sarımsak, doğranmış

5 ml / 1 çay kaşığı tuz

350 g / 12 ons pişmiş uzun taneli pirinç

225g / 8oz dondurulmuş veya pişmiş fasulye, çözülmüş

4 frenk soğanı (soğan), ince kıyılmış

30 ml / 2 yemek kaşığı doğranmış taze maydanoz

Yağı ısıtın ve sarımsak ve tuzu hafifçe kızarana kadar kızartın. Pirinci ekleyin ve 2 dakika kızartın. Yeşil fasulye, soğan ve maydanozu ekleyin ve kaynayana kadar birkaç dakika kızartın. Ilık veya soğuk servis yapın.

Somonlu kızarmış pilav

4 kişilik

30 ml / 2 yemek kaşığı fıstık yağı
2 diş doğranmış sarımsak
2 frenk soğanı (soğan), dilimlenmiş
50 gr / 2 ons kıyılmış somon
75 gr / 3 ons doğranmış ıspanak
150g/5oz pişmiş uzun taneli pirinç

Yağı ısıtın ve sarımsak ve frenk soğanı 30 saniye kızartın. Somonu ekleyin ve 1 dakika kızartın. Ispanak ekleyin ve 1 dakika kızartın. Pirinci ekleyin ve tamamen ısınana ve iyice karışana kadar kızartın.

Özel kızarmış pilav

4 kişilik

60 ml / 4 yemek kaşığı fıstık yağı

1 soğan ince kıyılmış

100g domuz pastırması, doğranmış

50 gr kıyılmış jambon

50g pişmiş tavuk, doğranmış

50 gr soyulmuş karides

60 ml / 4 yemek kaşığı soya sosu

30 ml / 2 yemek kaşığı pirinç şarabı veya kuru şeri

tuz ve taze çekilmiş karabiber

15 ml / 1 yemek kaşığı mısır unu (mısır nişastası)

225 gr pişmiş uzun taneli pirinç

2 çırpılmış yumurta

100g / 4oz mantar, dilimlenmiş

50 gr / 2 ons donmuş bezelye

Yağı ısıtın ve soğanı ve pastırmayı hafifçe kızarana kadar kızartın. Jambon ve tavuğu ekleyin ve 2 dakika kızartın. Karides, soya sosu, şarap veya şeri, tuz, karabiber ve mısır nişastasını ekleyip 2 dakika kızartın. Pirinci ekleyin ve 2 dakika kızartın. Yumurtaları, mantarları ve yeşil fasulyeyi ekleyin ve çok sıcak olana kadar 2 dakika kızartın.

On değerli pirinç

6 ila 8 kişilik

45 ml / 3 yemek kaşığı fıstık (yer fıstığı) yağı
1 frenk soğanı (soğan), doğranmış
100g/4oz yağsız domuz eti, doğranmış
1 tavuk göğsü, doğranmış
100 gr jambon, ufalanmış
30 ml / 2 yemek kaşığı soya sosu
30 ml / 2 yemek kaşığı pirinç şarabı veya kuru şeri
5 ml / 1 çay kaşığı tuz
350 g / 12 ons pişmiş uzun taneli pirinç
250 ml / 8 fl oz / 1 su bardağı tavuk suyu
100 gr bambu filizi, şeritler halinde kesilmiş
50 g / 2 ons su kestanesi, dilimlenmiş

Yağı ısıtın ve soğanı yarı saydam olana kadar kızartın. Domuz eti ekleyin ve 2 dakika kızartın. Tavuk ve jambon ekleyin ve 2 dakika kızartın. Soya sosu, şeri ve tuzu ekleyin. Pirinç ve çorbayı ekleyin ve kaynatın. Bambu filizlerini ve su kestanelerini ekleyin, üzerini kapatın ve 30 dakika pişirin.

ton balıklı pilav

4 kişilik

30 ml / 2 yemek kaşığı fıstık yağı

2 dilimlenmiş soğan

1 doğranmış yeşil biber

450 gr / 1 lb / 3 su bardağı pişmiş uzun taneli pirinç

tuz

3 çırpılmış yumurta

300 g / 12 oz konserve ton balığı, pul halinde

30 ml / 2 yemek kaşığı soya sosu

2 arpacık soğan, ince kıyılmış

Yağı ısıtın ve soğanı yumuşayana kadar kızartın. Biber ekleyin ve 1 dakika kızartın. Tencerenin bir tarafına bastırın. Pirinci ekleyin, tuz serpin ve biberleri ve soğanları yavaş yavaş karıştırarak 2 dakika kızartın. Pirincin ortasını açın, biraz daha yağ dökün ve yumurtaları dökün. Neredeyse birleşene kadar karıştırın ve pirinçle karıştırın. 3 dakika daha pişirin. Ton balığı ve soya sosu ekleyin ve ısıtın. Kıyılmış maydanoz serperek servis yapın.

haşlanmış yumurtalı erişte

4 kişilik

10 ml / 2 çay kaşığı tuz
450 gr yumurtalı erişte
30 ml / 2 yemek kaşığı fıstık yağı

Suyu kaynatın, tuz ekleyin ve makarnayı ekleyin. Tekrar kaynatın ve yumuşayana kadar ancak yine de sert olana kadar yaklaşık 10 dakika pişirin. İyice süzün, soğuk suyla durulayın, süzün ve sıcak suyla durulayın. Servis yapmadan önce üzerine yağ gezdirin.

haşlanmış yumurtalı erişte

4 kişilik

10 ml / 2 çay kaşığı tuz

450 gr / 1 pound ince yumurtalı erişte

Suyu kaynatın, tuz ekleyin ve makarnayı ekleyin. İyice karıştırın ve ardından süzün. Erişteleri bir kevgir içine koyun, buhar banyosuna koyun ve yumuşayana kadar yaklaşık 20 dakika kaynar suda pişirin.

kızarmış erişte

8 porsiyon için

10 ml / 2 çay kaşığı tuz
450 gr yumurtalı erişte
30 ml / 2 yemek kaşığı fıstık yağı
fırın tepsisi

Suyu kaynatın, tuz ekleyin ve makarnayı ekleyin. Tekrar kaynatın ve yumuşayana kadar ancak yine de sert olana kadar yaklaşık 10 dakika pişirin. İyice süzün, soğuk suyla durulayın, süzün ve sıcak suyla durulayın. Yağ ile birleştirin, ardından herhangi bir karıştırıcı ile hafifçe karıştırın ve aromaların yayılması için hafifçe ısıtın.

kızarmış noodle

4 kişilik

225 gr ince yumurtalı erişte

tuz

kızartmalık yağ

Makarnayı kaynayan tuzlu suda paketteki tarife göre pişirin. İyi kurutun. Bir fırın tepsisine birkaç kat mutfak kağıdı koyun, erişteleri üzerine yayın ve birkaç saat kurumaya bırakın. Yağı ısıtın ve erişteleri her seferinde bir kaşıkla yaklaşık 30 saniye altın rengi kahverengi olana kadar kızartın. Kağıt havluların üzerine boşaltın.

Kızarmış yumuşak erişte

4 kişilik

350 gr yumurtalı erişte
75 ml / 5 yemek kaşığı yer fıstığı yağı (yer fıstığı).
tuz

Bir tencere suyu kaynatın, erişteleri ekleyin ve erişteler yumuşayıncaya kadar pişirin. Süzün ve soğuk suyla, ardından sıcak suyla durulayın ve tekrar boşaltın. 15 ml/1 çay kaşığı yağ ekleyin, soğumaya bırakın ve soğutun. Kalan yağı neredeyse duman çıkana kadar ısıtın. Erişteleri ekleyin ve yağ ile kaplanana kadar hafifçe fırlatın. Ateşi kısın ve erişteleri dışı altın, içi yumuşak olana kadar birkaç dakika karıştırmaya devam edin.

kızarmış noodle

4 kişilik

450 gr yumurtalı erişte
5 ml / 1 çay kaşığı tuz
30 ml / 2 yemek kaşığı fıstık yağı
3 taze soğan (kap), şeritler halinde kesilmiş
1 diş ezilmiş sarımsak
2 dilim kıyılmış zencefil kökü
100 gr yağsız domuz eti, şeritler halinde kesilmiş
100 gr şeritler halinde kesilmiş jambon
100 gr / 4 ons soyulmuş karides
450 ml / ¬æpt / 2 su bardağı tavuk suyu
30 ml / 2 yemek kaşığı soya sosu

Suyu kaynatın, tuz ekleyin ve makarnayı ekleyin. Tekrar kaynatın ve yaklaşık 5 dakika pişirin, ardından süzün ve soğuk suyla durulayın.

Bu arada yağı ısıtın ve soğanı, sarımsağı ve zencefili hafifçe kızarana kadar kızartın. Domuz eti ekleyin ve hafif bir renk alana kadar kızartın. Jambonu ve karidesleri ekleyin ve et suyu, soya sosu ve makarnayı ekleyin. Kaynatın, örtün ve 10 dakika pişirin.

soğuk erişte

4 kişilik

450 gr yumurtalı erişte
5 ml / 1 çay kaşığı tuz
15 ml / 1 yemek kaşığı fıstık yağı
225 gr fasulye filizi
225 gr / 8 ons kızarmış domuz eti, doğranmış
1 adet şeritler halinde kesilmiş salatalık
Şeritler halinde kesilmiş 12 turp

Suyu kaynatın, tuz ekleyin ve makarnayı ekleyin. Tekrar kaynatın ve yumuşayana kadar ancak yine de sert olana kadar yaklaşık 10 dakika pişirin. İyice süzün, soğuk suyla durulayın ve tekrar süzün. Üzerine sıvı yağ gezdirip servis tabağına alın. Kalan malzemeleri erişetelerin etrafındaki tabaklara yerleştirin. Ziyaretçilere küçük kaselerde çeşitli malzemeler sunulur.

erişte sepetleri

4 kişilik

225 gr ince yumurtalı erişte

tuz

kızartmalık yağ

Makarnayı kaynayan tuzlu suda paketteki tarife göre pişirin. İyi kurutun. Bir fırın tepsisine birkaç kat mutfak kağıdı koyun, erişteleri üzerine yayın ve birkaç saat kurumaya bırakın. Orta boy bir süzgecin içini biraz yağla kaplayın. Bir elek içinde yaklaşık 1 cm/¬Ω kalınlığında eşit bir erişte tabakası yayın. Küçük eleğin dış kısmını yağla kaplayın ve yavaşça büyük olanın içine bastırın. Yağı ısıtın, yağa iki süzgeç koyun ve erişteler altın rengi olana kadar yaklaşık 1 dakika kızartın. Gerekirse gevşetmek için eriştelerin kenarlarında bir bıçak gezdirerek filtreleri dikkatlice çıkarın.

makarna gözleme

4 kişilik

225 gr yumurtalı erişte
5 ml / 1 çay kaşığı tuz
75 ml / 5 yemek kaşığı yer fıstığı yağı (yer fıstığı).

Suyu kaynatın, tuz ekleyin ve makarnayı ekleyin. Tekrar kaynatın ve yumuşayana kadar ancak yine de sert olana kadar yaklaşık 10 dakika pişirin. İyice süzün, soğuk suyla durulayın, süzün ve sıcak suyla durulayın. 15 ml / 1 yemek kaşığı yağ ile karıştırın. Kalan yağı ısıtın. Daha kalın bir gözleme yapmak için erişteleri tavaya ekleyin. Altı hafifçe kızarana kadar kızartın, ardından çevirin ve hafifçe kızarana kadar ortası yumuşak olana kadar kızartın.

www.ingramcontent.com/pod-product-compliance
Lightning Source LLC
Chambersburg PA
CBHW050348120526
44590CB00015B/1611